AF371193

ACTE I, SCÈNE VII.

UN PARENT MILLIONNAIRE,

COMÉDIE EN DEUX ACTES MÊLÉE DE CHANTS,

Par MM. E. Cormon et Delaboullaye,

REPRÉSENTÉE POUR LA PREMIÈRE FOIS SUR LE THÉATRE DU VAUDEVILLE, LE 21 JUILLET 1837.

PERSONNAGES.	*ACTEURS.*	*PERSONNAGES.*	*ACTEURS.*
MATHIAS DANVERS*.	M. LEPEINTRE, aîné.	ÉDOUARD RICE.	M. FRADELLE.
PRESTON	M. FONTENAY.	MISTRESS SALLY PODGERS. . .	Mme GUILLEMIN.
FANNY PRESTON.	Mlle BALTHAZAR.	JACK-BOB	M. PHILIPPE.
LUCILE	Mme TAIGNY.	SIR WATFORD.	M. BALLARD.

La scène se passe chez Preston, à Sandown-Cottage, près de Londres.

* Danvers est un vieillard de 60 à 65 ans, le front chauve et le teint jaune. Il porte un habit bien ample, un gilet de calicot blanc, une culotte courte de Nankin, des bas chinés, des guêtres de Nankin et de grosses boucles sur ses souliers.

ACTE PREMIER.

Un salon, portes latérales. Entrée principale au fond. Une causeuse. Un guéridon. Fauteuils.

SCÈNE PREMIÈRE.

PRESTON, FANNY, ÉDOUARD.

Au lever du rideau, Preston est debout auprès de la porte de droite, l'oreille appuyée contre la porte ; Fanny est à côté de lui ; Édouard, assis auprès du guéridon, met des papiers en ordre.

FANNY. Eh bien ?

PRESTON. Je n'entends aucun bruit ; sans doute il repose encore.

FANNY. Je regrette beaucoup, mon ami, que vous ne m'ayez pas fait prévenir... je me faisais un bonheur de le recevoir et de l'embrasser la première.

PRESTON. C'était aussi ma pensée ; mais il est arrivé à deux heures du matin, et tu n'aurais pas eu le temps de t'habiller et de descendre. A peine si j'ai eu, moi, celui de saluer notre oncle : il n'était pas sorti de sa berline que déjà il demandait son appartement, où il s'est enfermé aussitôt avec son domestique, un Indou qui ne le quitte jamais.

FANNY. Pourvu que Jack-Bob n'ait oublié aucune de mes recommandations!

PRESTON. Sois tranquille : Jack-Bob a exécuté tes ordres, et, à défaut d'un hôtel et de nombreux domestiques, ton oncle trouvera dans notre retraite les soins, les égards qu'un parent peut attendre de l'amitié la plus franche.

FANNY. Son retour a été si inattendu qu'il me semble en vérité que ce soit un rêve, et je ne reviens pas de la surprise que sa lettre m'a causée.

PRESTON. En effet elle est d'un style laconique. (*Il lit.*) « Monsieur, quarante » années consacrées aux affaires m'ont pro- » curé une honnête aisance.» (*S'interrompant.*) Je crois bien, plus de trois millions! « Mais elles ont en même temps » usé ma santé. Les médecins m'assurent » que l'air de Calcutta est devenu mortel » pour moi, et je me décide à revenir bien » vite en Europe. On m'a dit que vous » aviez épousé une nièce à moi et que vous » étiez les seuls parens que j'eusse encore » dans mon pays. Préparez-vous donc à » recevoir bientôt votre oncle par alliance, » Mathias Danvers. »

FANNY, *vivement.* Ecoutez!... (*Elle va auprès de la porte de droite.*) Non, je me suis trompée.

PRESTON, *à Edouard qui se lève.* Eh bien! mon ami, avez-vous terminé ?

ÉDOUARD. Oui, monsieur, et mes prévisions sont devenues des certitudes. Jetez un coup-d'œil sur mes calculs. (*Preston prend un papier des mains d'Edouard et l'examine attentivement.*) En réalisant tous vos fonds, vous pouvez avant trois ans avoir acquitté toutes vos dettes, intérêts et capitaux.

PRESTON. Trois ans !... mais il faut obtenir trois ans !

ÉDOUARD. Et quel est celui de vos créanciers qui voudra vous les refuser? Ne connaissent-ils pas tous votre loyauté, les malheurs qui vous ont frappé coup sur coup, les faillites qui, en paralysant vos rentrées, vous ont placé dans la cruelle nécessité de suspendre vos paiemens? Tous vous plaignent, tous vous respectent.

Aɪʀ de Téniers.

Dans ses calculs que l'intrigant succombe,
Il a du sort mérité la rigueur,

Mais on plaindra l'honnête homme qui tombe
En préférant sa perte au déshonneur ;
Il peut marcher fort de sa conscience,
Et quand il éprouve un revers ,
A son aide chacun s'élance,
Et tous les cœurs lui sont ouverts.

PRESTON. Mon cher Edouard, vous me rendez un peu de confiance et de tranquillité! Il est si cruel pour un commerçant de voir diminuer son crédit, de perdre en un mois le fruit de dix-huit, vingt années d'efforts !...... Et voilà pourtant où j'en suis !

FANNY. Payer nos dettes et rester à l'abri du besoin, n'est-ce pas encore être heureux ?

PRESTON. Ce n'est pas pour moi que je me plains... mais quand on a une fille...

ÉDOUARD. Oh!.... monsieur.... je suis jeune..... j'ai du courage... et je ne veux vous devoir que le bonheur d'être à Lucile.

PRESTON. Il eût été si doux pour moi de devenir votre commanditaire, d'aider mon fils de mon crédit, de ma fortune !... Il faut y renoncer.

FANNY, *prenant la main de Preston.* Mon ami... Edouard travaillera.

ÉDOUARD. Je ferai ce que vous avez fait.

PRESTON. Puissiez-vous commencer comme moi et finir autrement !

ÉDOUARD. Permettez que je vous quitte : voici l'heure où les affaires m'appellent.

PRESTON. Ah ! Edouard.... Fanny.... surtout ce que je vous demande en grâce, c'est de ne rien faire, rien dire qui puisse laisser deviner à notre oncle ma gêne et nos chagrins. Pauvre homme !... je serais inconsolable s'il pensait un seul instant que sa position brillante a pu influer sur l'accueil que nous lui réservons, et que des vues intéressées se mêlent au plaisir de le recevoir.

FANNY. J'aime à vous entendre parler ainsi.

PRESTON. Prouvons-lui, au contraire, que notre amitié ne s'adresse point à l'homme riche, mais au parent âgé, qui vient chercher parmi nous des amis, une famille. Accepter un service de lui maintenant... ce serait presque lui vendre le bonheur qu'il vient nous demander !...

FANNY. Cette pensée me répugne autant qu'à vous.

PRESTON. Edouard, nous vous reverrons ?

ÉDOUARD. Bientôt !

Il sort par le fond , et au même instant on entend la voix de Jack-Bob.

JACK-BOB, *dans la coulisse*. C'est une abomination, et je vais faire mes plaintes !

SCENE II.

PRESTON, FANNY, JACK-BOB.

PRESTON, *à Jack-Bob*. Eh bien ! Jack-Bob, qu'avez-vous pour crier si fort ?

JACK-BOB. J'ai, monsieur, que je ne peux plus y tenir ; que depuis hier je n'arrête pas, que je ne me suis pas couché, que la maison est sens dessus dessous... voilà ce que j'ai.

PRESTON. L'arrivée d'un vieillard et de son valet de chambre peut-elle troubler toute une habitation ?

JACK-BOB. Vous appelez un valet de chambre cette espèce d'homme des bois qui suit partout le vieux bonhomme ?

FANNY. Jack-Bob, parlez avec plus de respect de mon oncle.

JACK-BOB. Va pour un valet de chambre... je le veux bien... et s'il n'y avait que lui et son maître, ça serait des roses... mais si vous aviez vu ce que j'ai vu... Ah Dieu !... j'en ai encore le frisson !...

PRESTON. Enfin qu'est-ce qui a pu causer ton effroi ?

JACK-BOB. Les présens, les cadeaux de ce vieillard. J'étais allé pour admirer ces objets de sa munificence... J'avais entendu parler d'un boa, et je me figurais une superbe fourrure pour madame. Je m'approche, la fourrure m'ouvre une gueule énorme... C'était un affreux serpent.

PRESTON *et* FANNY. Un serpent !

JACK-BOB. Et dans la cage donc !... car il y avait une cage... je regarde... le canaris, le volatile était un horrible tigre !

PRESTON. Un tigre !

JACK-BOB. Et plus laid... plus laid !..

FANNY. Un tigre !

JACK-BOB. Il paraît que c'est l'angora de cette patrie.

FANNY. Mais c'est une ménagerie.

JACK-BOB. Le tout couronné par deux énormes cakatoës.

FANNY. Où sont-ils ?

JACK-BOB. Dans l'écurie.

PRESTON. Je ne puis le croire.

JACK-BOB. Regardez seulement dans la cour. Vous y verrez les Indous en train de soigner les autres bêtes.

FANNY. Mais, monsieur..... comment faire ? quel embarras !.. et qu'allons-nous devenir ?

PRESTON. Rassure-toi... les uns sont attachés, les autres sont dans des cages.

FANNY. Si Lucile les voit, elle est capable d'en mourir de frayeur.

PRESTON. Je prendrai des précautions pour qu'il n'arrive aucun accident. Ton oncle est apparemment grand amateur d'histoire naturelle, et ces animaux doivent être destinés à orner quelque musée national.

FANNY. Il aurait mieux fait de les y envoyer tout de suite et de ne pas les amener ici.

PRESTON. Ce ne peut être que pour peu de jours.

FANNY. Mais ma fille, monsieur, c'est pour elle que j'ai peur !...

PRESTON. La porte de l'écurie restera hermétiquement fermée..... Jack-Bob se mettra en sentinelle à côté.

JACK-BOB. Oh !.... non .. non... pour ça , non !

PRESTON. Comment ?

JACK-BOB. Monsieur Preston... je suis à votre service depuis mon enfance... demandez-moi ma vie, je suis prêt à vous la donner ; mais exposer mes jours ! jamais !... monter la garde auprès du boa ! allons donc !... je ne suis pas poltron, je le déclare, mais je me sauverais, monsieur, je me sauverais!

PRESTON. Allons, c'est bien, suivez-moi.

FANNY.

AIR : *Accourez tous.* (du Philtre.)

Tâchez, monsieur, je vous en prie,
Qu'il n'arrive aucun accident.

PRESTON.

Rassurez-vous, ma chère amie,
Vous le savez, je suis prudent.

JACK-BOB, *à part*.

Afin de pouvoir me défendre,
Près d'eux, en faisant faction,
J'y suis décidé, je vais prendre
Un fusil de munition !

ENSEMBLE.

FANNY.

Tâchez, monsieur, je vous en prie,
Qu'il n'arrive aucun accident ;
C'est à vous que je me confie ;
Je le sais, vous êtes prudent.

PRESTON.

Ne craignez rien, je vous en prie ;
Pour prévenir tout accident,
Je vais veiller, ma chère amie ;
Vous le savez, je suis prudent.

JACK-BOB.

Je veux, car je tiens à la vie,
Être à l'abri d'un accident ;
On peut bien sans poltronnerie
En pareil cas être prudent.

SCENE III.

FANNY, LUCILE, *tenant à la main un grand portrait qu'en entrant elle dépose sur une chaise.*

LUCILE. Maman?

FANNY. Ah! c'est toi, Lucile!

LUCILE. Est-ce que vous avez déjà vu mon oncle?

FANNY. Pas encore.

LUCILE. Tant mieux; nous irons ensemble lui souhaiter le bonjour, n'est-ce pas?

FANNY. Ton père seul l'a reçu, et je n'oserais sans lui me présenter dans sa chambre. Les convenances...

LUCILE. Les convenances!... ah! mon Dieu!... faut-il donc tant de cérémonies avec un oncle?.. Et le nôtre, par hasard, vous ferait-il peur?

FANNY. Non sans doute; mais, je l'avoue, je suis intimidée par tout ce que j'ai entendu dire de lui... de son caractère...

LUCILE. Regardez, regardez son portrait!... on l'avait oublié dans une petite chambre du haut; il faut dès aujourd'hui le placer dans le salon. Que de douceur dans ses yeux!...

FANNY. Oui; mais il avait vingt ans alors... cependant tout ce que tu me dis me rassure.

LUCILE. J'ai déjà fait mon plan de conduite. M. Danvers est âgé, infirme peut-être: je le soignerai. Il doit avant tout désirer de retrouver une famille... nous serons la sienne... je lui tiendrai compagnie, je lui ferai la lecture... oh! je serai si prévenante qu'il m'aimera, c'est-à-dire qu'il nous aimera, car nous lui présenterons sir Edouard, n'est-ce pas?

FANNY. Nous ne ferons rien sans le consulter.

LUCILE. Que je vous embrasse, bonne mère!... je ne puis dire combien je suis heureuse!

Elle embrasse sa mère.

SCENE IV.

FANNY, LUCILE, MISTRESS PODGERS, PRESTON.

MISTRESS PODGERS. Eh bien, monsieur, ce cher oncle est donc arrivé?

PRESTON. De cette nuit, madame.

MISTRESS PODGERS. Vous l'avez déjà vu?

PRESTON. Il repose, et nous attendons son réveil.

MISTRESS PODGERS. J'admire votre patience; moi, je n'aurais pas pu y tenir... oh! Dieu, je suis si vive!... un volcan, monsieur, un volcan! (*Se retournant vers Fanny et Lucile.*) Ah! pardon, chère dame, je ne vous avais pas aperçue; bonjour, aimable miss. Vous m'excuserez si je me présente chez vous d'aussi bon matin; mais en qualité d'amie... et puis je brûle de voir ce cher M. Danvers! Ah çà! on prétend qu'il rapporte des millions?... Estimable homme! feu master Podgers, mon époux, fut son ami intime. Il l'a vu très-souvent à Calcutta, où il faisait de fréquens voyages pour le service de la compagnie des Indes.

PRESTON, *à part.* Cette femme est étourdissante.

MISTRESS PODGERS. Moi-même, il y a quelques années, dans un voyage où j'accompagnai feu master Podgers, j'eus l'occasion de voir M. Danvers. Ah! Dieu!... voilà un homme!..... quelle activité!..... quelle connaissance des affaires!..... nous étions fort bien ensemble.

FANNY, *avec une politesse forcée.* Je ne doute pas, madame, du plaisir qu'il aura à vous revoir.

MISTRESS PODGERS. Il paraît décidé à se fixer ici?

FANNY. Nous l'espérons.

MISTRESS PODGERS. Tant mieux!... tant mieux pour vous!..... Personne n'ignore que sa fortune est immense, et, d'après ce que j'ai entendu dire, le bruit seul de son arrivée chez vous a rendu à beaucoup de gens une confiance que vos pertes..... vos malheurs...

PRESTON, *à part.* Voilà ce que je redoutais le plus.

MISTRESS PODGERS. Ce cher oncle ne voudrait pas laisser sa famille dans la gêne, et sans doute vous avez pensé...

PRESTON, *vivement.* A une seule chose, madame... à nous rendre agréables autant que possible à un parent dont les bontés...

MISTRESS PODGERS. Oui..... oui..... je conçois..... c'est très-bien... Et cependant miss Lucile est très-bonne à marier..... il lui faut une dot... et le vieil oncle...

LUCILE, *piquée.* Madame, on m'épouserait de même sans dot.

MISTRESS PODGERS. Son futur, M. Edouard, pourrait, s'il était commandité, marcher à la fortune... et le vieil oncle...

PRESTON, *avec une impatience marquée.* Mais, en vérité, madame, vous nous supposez des intentions que nous n'avons jamais eues.

MISTRESS PODGERS. Oui... oui... je sais, vos intérêts après tout le reste.

AIR : *de l'Homme Vert.*

Très-bien, monsieur, je vous approuve,
Je pense comme vous pensez ;
Mais, par malheur, hélas, on trouve
Trop de parens intéressés.
J'ai pour principe, je vous jure,
D'aimer les gens pour ce qu'ils sont.

PRESTON , *à part.*

Elle a bien plutôt la tournure
De les aimer pour ce qu'ils ont.

FANNY, *changeant la conversation.* Mon ami, ne trouvez-vous pas qu'il serait temps de nous présenter chez M. Danvers ?

PRESTON. Oui, en effet, je le pense.

FANNY. Nous ferez-vous , madame , l'honneur de revenir passer la soirée avec nous ?

MISTRESS PODGERS. Mieux que cela , chers amis ; dans un moment comme celui-ci, tant de soins vous réclament..... je veux me rendre utile et ne pas vous quitter de la journée.

PRESTON. Non... non... je ne souffrirai pas que vous vous dérangiez...

MISTRESS PODGERS. C'est un plaisir pour moi...

PRESTON. Cependant...

MISTRESS PODGERS. Je reste, vous dis-je !...

FANNY, *souriant avec effort.* Vous êtes trop bonne, en vérité !

PRESTON , *à part et hors de lui.* Quelle femme, mon Dieu !... quelle femme !... j'en ai la fièvre !...

Dans ce moment on entend un grand bruit de sonnettes dans la coulisse.

MISTRESS PODGERS. Je gage que c'est M. Danvers.

ENSEMBLE.

AIR *des Omnibus.*

Chut ! il va venir,
Efforçons-nous de lui plaire ;
Nos soins, j'espère,
Vont le retenir ;
C'est un devoir de le chérir.

Nouveau bruit de sonnettes.

FANNY. Voyez donc, monsieur Preston, mon oncle a sans doute besoin de quelqu'un.

PRESTON, *appelant.* Jack-Bob?... Jack-Bob ?

JACK-BOB, *accourant, un fusil à la main.* Voilà, monsieur, voilà.

PRESTON. Eh bien!... pourquoi cette arme ?

JACK-BOB. C'est que je montais la garde, vous savez ?...

PRESTON. Vite! vite ! entrez chez M. Danvers.

JACK-BOB. Oui, monsieur. Je vais le soigner... ce cher oncle... Ah ! pardon , monsieur: sa morsure est-elle vénéneuse ;

PRESTON. Sa morsure? de qui ?

JACK-BOB. De la fourrure... du boa...

PRESTON, *le poussant.* Mais allez donc!

REPRISE DE L'ENSEMBLE.

Chut! il va venir, etc., etc.

SCENE V.

LES MÊMES, DANVERS, JACK-BOB.

FANNY *et* LUCILE, *faisant un mouvement vers Danvers, comme pour l'embrasser.* Mon oncle !... mon cher oncle !...

DANVERS, *les éloignant de la main.* Bien ! bien !... mesdames... très-bien !... Epargnez-vous la peine de faire des phrases, et à moi celle de les entendre : je déteste les phrases. Voyons, comment cela va-t-il ?... Eh ! pas mal, à ce qu'il me semble. (*Désignant Lucile.*) C'est votre fille ?..

FANNY. Notre unique enfant.

DANVERS. Votre nom, petite?

LUCILE. Lucile.

DANVERS. Eh ! diable ! je vous croyais plus grande. J'ai vu dans cette chambre un portrait...

LUCILE. Et vous avez pensé que ce pouvait être le mien ?

DANVERS. Oui... il m'a rappelé... ma mère !... (*Montrant Fanny.*) La grand'mère de madame... ah !... je n'étais pas son bien-aimé, moi !... elle me préférait ma sœur..... Dans toutes les familles on voit de ces caprices... et pourtant..... (*il essuie une larme*) je l'aimais bien !... et si elle m'eût rendu toute la tendresse que j'avais pour elle, je ne l'aurais pas quittée... je ne me serais pas exilé à deux mille lieues !

LUCILE. Mon bon oncle !...

DANVERS, *avec amertume.* Que voulez-vous !... il était dans ma destinée de ne rencontrer que des ingrats !

JACK-BOB, *à part.* Comptez donc sur l'amitié d'un tigre.

DANVERS. J'avais un ami pour qui j'avais tout sacrifié !... il me préféra des indifférens ; j'adorais une femme et son amour eût fait le charme de ma vie !... ah! bien oui !.. mon étoile était là !... toujours là !.. et je fus trahi... oublié! ah !... les hommes!...

AIR : *d'Aristippe.*

Depuis ce temps je leur garde rancune,
Ils m'ont flatté, caressé... mais en vain !
  J'ai résisté !.. car la fortune,
  Pour me venger du genre humain,
Bien à propos m'avait tendu la main ;
  Et cette maîtresse adorée
De ses faveurs m'a comblé !..(*à part*) mais, hélas !
Je sens toujours qu'à mon ame ulcérée
  Un tel bonheur ne suffit pas !..
  Il étourdit... et ne console pas !

(*A Preston.*) Ah çà ! monsieur, vous avez épousé ma nièce... je vous en félicite. Nous verrons plus tard si je dois lui faire le même compliment. (*Désignant mistress Podgers.*) Quelle est cette dame ?

MISTRESS PODGERS. Vous ne me remettez pas ?...

DANVERS. Attendez donc... il me semble... vous êtes...

MISTRESS PODGERS. La veuve d'un de vos anciens amis... capitaine dans la compagnie des Indes... master Podgers.

DANVERS. Oh !... oui... je me le rappelle... Enchanté de vous retrouver ici... Comment ! ce pauvre Podgers !.. (*Mistress Podgers porte la main à ses yeux et soupire.*) C'était un fameux fumeur... bon enfant !.. de seconde force au whist !... je le gagnais toujours... et nous jouions un jeu d'enfer. J'aimais beaucoup votre mari, et je suis fâché qu'il soit mort... j'aurais fait sa partie.

JACK-BOB, *à part.* C'est un vieux renard, je vois ça !

DANVERS, *revenant à Fanny.* Madame, j'ai entendu dire que mes animaux vous avaient fait peur et que vous n'aimiez ni mon serpent ni mon tigre !...

FANNY. Il est vrai, monsieur, que dans le premier moment...

DANVERS. Ne vous donnez pas la peine de faire des phrases, je n'ai pas besoin de vos phrases.

PRESTON. Avec des précautions on pourra très-aisément...

DANVERS, *s'impatientant.* Monsieur, monsieur, pas de bruit... je ne fais pas plus de cas d'un tigre que de ça ! je ne sais qu'en faire, sans quoi je n'aurais pas songé à vous le donner... eh !... c'est clair !...

JACK-BOB, *à part.* Mais qu'il le garde donc, son tigre... on n'en veut pas, de son tigre.

Danvers remonte la scène et observe l'appartement avec intention ; Preston, Fanny et Lucile se regardent entre eux.

MISTRESS PODGERS, *venant à eux.* C'est un homme délicieux ! que d'esprit !... de gaîté !...

FANNY, *à son mari.* Allons, il faudra nous habituer au tigre.

PRESTON, *de même.* C'est une petite originalité... mais qu'importe !... Tenez, le voilà qui inspecte la maison... je gage qu'il va la trouver charmante et commode !

DANVERS. Monsieur, combien louez-vous cette habitation ?

PRESTON. Elle m'appartient.

DANVERS. Elle est au nord, monsieur... au nord !

PRESTON. Oui, en effet, par ici... (*Il indique l'appartement de Danvers*) mais de ce côté, plein midi... monsieur... plein midi !

DANVERS. Ah ! ah ! plein midi !... Et qui habite cet heureux plein midi ?

PRESTON. Ma femme, ma fille et moi.

MISTRESS PODGERS. Sans doute ; c'est l'exposition la plus agréable.

FANNY. Si vous le désirez, mon oncle, nous pouvons vous le céder.

PRESTON. Rien de plus facile... un léger changement... dès ce soir vous occuperez le plein midi.

DANVERS. Puisque vous y tenez absolument... Avez-vous un billard ?

PRESTON. Non.

DANVERS. Jouez-vous l'écarté !

FANNY. Jamais.

DANVERS. Eh bien ! que voulez-vous donc que je fasse chez vous ?

MISTRESS PODGERS. Oh ! le jeu est un passe-temps charmant, rempli d'émotions, et qui...

LUCILE. Mon oncle, si vous le voulez bien, vous m'apprendrez, et je vous servirai d'adversaire.

PRESTON. Nous avons des voisins, des amis, qui seront charmés de faire votre partie.

DANVERS. Allons, c'est fort bien !...... Renoncer à jouer !.. j'aimerais autant ne jamais fumer.

FANNY. Fumer !... vous fumez, mon oncle ?

DANVERS. Toute la journée, madame.

MISTRESS PODGERS. Quoi de plus naturel !... tout le monde fume aujourd'hui.

DANVERS. A quelle heure déjeune-t-on ici ?

FANNY. A onze heures.

DANVERS. Fort bien... Je ne veux pas troubler l'ordre établi...... mais je vous avertis que je déjeune à neuf heures précises.

FANNY. Nous nous y conformerons.

DANVERS. Et le dîner ?

FANNY. A six heures.

DANVERS. Très-bien... Soupez-vous ?

FANNY. Pas habituellement.

DANVERS. A merveille... moi je dîne à trois heures, et je soupe de dix à minuit.

FANNY. Nous ferons comme vous, mon oncle.

DANVERS. Bien entendu que je ne veux en rien changer vos habitudes.

PRESTON. Ah ! Jack–Bob !.. approchez ! Mon oncle, voici un serviteur plein de zèle et d'intelligence, qui se tiendra toujours à vos ordres.

DANVERS, *le regardant.* Qui? ça ?...

JACK-BOB. Certainement, monsieur.... si... si...

DANVERS. C'est bon !... encore un qui va me faire des phrases... Monsieur, j'ai des esclaves qui m'ont coûté jusqu'à dix guinées !... (*Il désigne l'Indou qui est resté contre la porte.*) Mais aussi comme c'est nerveux ! comme c'est musclé !... tandis que ça... je n'en donnerais pas un schelling.

Il s'éloigne de Jack-Bob.

JACK-BOB, *à part.* Tombe seulement d'un sixième et appelle-moi pour te relever !..

FANNY. Lucile , viens avec moi veiller au service.

LUCILE. Oui , ma mère. (*A Danvers.*) Vous permettez, mon oncle ?

DANVERS, *lui prenant la main.* Oui, oui, je permets.

LUCILE. Comme vous me regardez !

AIR des Chemins de Fer.

DANVERS.

C'est que dans vous tout me rappelle
Ma pauvre mère !..

LUCILE.

Eh bien ! tant mieux!

DANVERS.

L'amour que j'éprouvais pour elle
Etait vraiment religieux !
J'en ressens encor la puissance...

LUCILE.

Voyez donc quel heureux hasard !
Si je pouvais , grâce à la ressemblance,
De cet amour avoir ma part !

ENSEMBLE.

Quelques instans veuillez attendre;
A vos ordres, avec plaisir,
Chacun en ces lieux va se rendre!
Parlez!.. c'est à nous d'obéir !

Fanny, Lucile et Preston sortent.

●●○●○○●○●●○●○○●●○○●●●○○○●●●○●○●○●●○●●○●●○●○○●●●●○○●●●

SCENE VI.

MISTRESS PODGERS, JACK-BOB, DANVERS.

Pendant la sortie, Danvers fait un signe à l'Indou, qui sort et rentre bientôt avec un plateau sur lequel se trouvent des pipes, du feu , de la liqueur et des verres ; il le place sur une petite table qu'il approche de Danvers , puis il sort.

MISTRESS PODGERS, *assise à gauche.* Le moment est favorable pour rester avec lui.

DANVERS, *à Jack-Bob.* Un fauteuil !

JACK-BOB, *s'empressant d'obéir.* Un fauteuil?... voilà.

DANVERS. Quelle forme incommode ! on doit être très-mal là-dedans... Un tabouret ! (*Il s'assied.*) O mon Dieu! c'est pitoyable !... Et quel tabouret!... trop bas d'un pied.

JACK-BOB. On pourrait le rehausser.... (*à part*) avec la peau du polisson de tigre.

MISTRESS PODGERS, *à part.* S'il pouvait me trouver à son gré comme autrefois !

DANVERS. Ah! diable! ce grand jour me fatigue : baisse les stores.

JACK-BOB. Monsieur ?...

DANVERS. Baisse les stores !

JACK-BOB. Il n'y en a pas, monsieur.

DANVERS. Des fenêtres sans stores !

JACK-BOB. Il se figure qu'on a des millions comme lui.

DANVERS. Jack-Bob , va-t'en !

JACK-BOB. J'aime mieux ça.

Il sort.

●●○●○○●○●●○●○○●●●○○●●●○○○●●●○●○●○●●○●●○●●○●○○●●●●○○●

SCENE VII.

MISTRESS PODGERS, DANVERS.

MISTRESS PODGERS , *à part.* Il ne fait pas attention à moi.

DANVERS, *allumant sa pipe.* Il n'y a rien ici de confortable. Décidément , sans la petite, je serais reparti sur-le-champ... mais cette ressemblance m'a frappé.

MISTRESS PODGERS, *se levant et toussant un peu.* Hum ! hum !... (*A part.*) Oh ! il m'a vue !

DANVERS. Ah ! vous voilà, madame !

Il lui lance des bouffées de fumée.

MISTRESS PODGERS , *à part.* Il y a dans toutes ses manières un laisser-aller qui m'enchante.

DANVERS , *fumant.* Ça ne vous incommode pas ?

MISTRESS PODGERS. Du tout... au contraire.

DANVERS, *lui offrant son fauteuil.* Mettez-vous donc là.

Il prend une chaise et se place de l'autre côté de la table.

MISTRESS PODGERS. Comme on doit être heureux, après une longue séparation, de se retrouver au sein de sa famille !.... Il est si cruel de vivre seul quand on a le cœur aimant !

DANVERS, *lui présentant une pipe.* En usez-vous ?

MISTRESS PODGERS. Non, merci !

DANVERS. Comment ! non ?

MISTRESS PODGERS, *à part.* Ça paraît lui faire plaisir... si j'essayais... (*Haut.*) Mais quelquefois... je ne crains pas... cela me rappelle les mœurs de l'Inde... mœurs charmantes... Et puis la veuve d'un capitaine doit être aguerrie !

Elle prend la pipe.

DANVERS. Voulez-vous du feu ?

MISTRESS PODGERS. Oh ! ne vous donnez pas la peine, je vous en conjure.

DANVERS. Allez donc ! allez donc ! (*Il allume lui-même la pipe de mistress Podgers, qui fume du bout des lèvres et se détourne pour tousser.*) A la bonne heure... voilà une femme... (*Haut.*) Comment se fait-il, madame, que jeune encore, vous soyez restée veuve ? eh ?...

MISTRESS PODGERS, *minaudant.* Il est si difficile de trouver une âme qui comprenne la nôtre !... Pour se donner à un homme il faut aimer vivement..... et jusqu'à présent je n'avais pas rencontré....... (*En soupirant.*) Ah !

DANVERS, *de même.* Ah !... (*A part.*) Cette femme est encore agréable.

MISTRESS PODGERS. Et puis une veuve... à mon âge...

DANVERS. Votre âge... votre âge... Une femme à votre âge doit plaire encore...... J'ai bien la prétention au mien de...

MISTRESS PODGERS. Ah ! quelle différence !... L'âge mûr n'est-il pas pour un homme le plu, bel âge ?... Ah ! Dieu ! l'âge mûr !... Tenez, monsieur, je l'avoue, j'éprouve un penchant irrésistible pour l'âge mûr.

DANVERS, *prenant un petit verre de liqueur et le présentant à mistress Podgers.* En usez-vous ?...

MISTRESS PODGERS. Non, non... mille grâces... (*A part.*) Cette maudite fumée me porte à la tête.

DANVERS, *insistant.* Mœurs de l'Inde... la veuve d'un capitaine doit être aguerrie ! C'est très-doux.

MISTRESS PODGERS, *en prenant le verre.* Je me laisse aller au très-doux.

DANVERS, *qui a pris un autre verre*

AIR : *La Voilà* (Madeline).

C'est cela, c'est cela,
　Vous me tiendrez tête !
C'est cela, c'est cela,
　Toujours prête,
　La voilà !
Personne en cette maison
　Ne comprend la vie :
　De leur niaiserie
　Faites-moi raison !

MISTRESS PODGERS, *à part.* Je n'y vois plus... la tête me tourne.

DANVERS. Ah ! vous ne détestez pas la pipe, et vous caressez volontiers le petit verre... vous viendrez ici tous les jours... c'est moi qui vous y engage...

ENSEMBLE.

DANVERS.
C'est cela, c'est cela,
　Vous me tiendrez tête !
C'est cela, c'est cela,
　Toujours prête ,
　La voilà !

MISTRESS PODGERS.
C'est cela, c'est cela,
　Je vous tiendrai tête !
C'est cela, c'est cela,
　Toujours prête ,
　Me voilà !

Je me soutiens à peine... je chancelle... Ah ! de l'air ! de l'air !...

Elle se lève et va à la fenêtre.

DANVERS, *accourant près d'elle.* Qu'est-ce ?... qu'avez-vous ?

MISTRESS PODGERS. Je tombe ! soutenez-moi !... (*Elle se laisse tomber dans les bras de Danvers, qui se cramponne pour ne pas tomber lui-même.*) Soutenez-moi !

DANVERS. Soutenez-moi !.. que diable ! elle pèse trois cents !..A l'aide ! à l'aide !.. quelqu'un... venez vite !..

SCENE VIII.

LES MÊMES, JACK-BOB.

JACK-BOB, *accourant.* Voilà ! voilà !.... Dieu ! le petit vieux qui embrasse la grande vieille !

DANVERS. Viens vite , mon garçon, viens soutenir madame.

JACK-BOB. Ils buvaient et ils fumaient !

DANVERS. Un fauteuil !... vite !... vite un fauteuil !

JACK-BOB, *lui avançant un fauteuil.* En voilà un fauteuil... (*A part.*) Dieu ! quelle orgie!

SCENE IX.

Les Mêmes, PRESTON, FANNY, LU-
CILE, *arrivant à la fois, et de diffé-
rens côtés.*

FANNY. Eh bien! mon oncle, qu'avez-vous?

LUCILE. Vous serait-il arrivé quelque
accident?

DANVERS, *essoufflé et s'essuyant le front.*
Commencez par secourir madame qui se
trouve mal.

LUCILE. Mistress Podgers!

On s'empresse autour du fauteuil.

MISTRESS PODGERS, *rouvrant les yeux.*
Ce n'est rien... un étourdissement...

DANVERS. Il paraît que la fumée vous
fait mal?

MISTRESS PODGERS. Non, non...... au
contraire... j'étais un peu souffrante en
arrivant... et ça remet... ça ranime...

LUCILE, *toussant.* O Dieu! quelle fumée!... Hum! hum!...

FANNY, *de même.* En effet, ce salon en
est rempli... Hum! hum!...

PRESTON. Mais non... je ne trouve pas!
Hum!...

JACK-BOB. Ils buvaient et ils fumaient.

DANVERS, *à Preston.* Monsieur, vous
me ferez raison de l'impertinence de ce
valet en le chassant sur l'heure!

PRESTON. Qu'a-t-il donc fait, mon oncle?

DANVERS. Il m'a déplu.

PRESTON. Vous avez déplu à notre oncle?... A la première faute de ce genre
vous quitterez mon service.

FANNY, *à part, à Preston.* Transformer
notre maison si propre, si bien tenue, en
une tabagie!...

PRESTON. Un peu de patience... c'est
notre oncle! et puis vraiment ça ne se
sent pas... Hum!... hum!...

DANVERS, *qui a passé auprès de mistress
Podgers.* Eh bien! il me semble que la
veuve du capitaine n'est pas très-aguerrie...
Eh!...

MISTRESS PODGERS. Cela viendra,
soyez-en sûr.

DANVERS. Oh! vous avez de très-bonnes
dispositions!

UN DOMESTIQUE, *au fond.* Le thé est
servi.

LUCILE. Mon oncle, voulez-vous mon
bras?

DANVERS. Votre bras, petite fille!...
pourquoi faire?... Je suis encore, Dieu
merci, en état de marcher seul, et même
de soutenir une malade.

Il présente son bras à mistress Podgers, qui le prend.

FANNY, *à part, à Lucile, qui revient toute
triste auprès d'elle.* Pauvre enfant!

AIR:

Ah! monsieur, quelle différence!
PRESTON.
Qu'importe, si par sa bonté
Notre oncle rachète, compense
Beaucoup d'originalité?
DANVERS, *à Lucile et à Fanny, qui toussent.*
Ce rhume vous a pris bien vite.
A mistress Podgers.
Appuyez-vous sans crainte sur mon bras.
Aux autres.
Vous, soignez-vous, la toux fatigue, irrite,
Surtout ceux qui ne toussent pas!
PRESTON, FANNY et LUCILE.
Allons, un peu de patience,
Espérons que par sa bonté
Notre oncle rachète, compense
Beaucoup d'originalité.

*Danvers sort avec mistress Podgers; Pesto
Fanny et Lucile les suivent.*

SCENE X.

JACK-BOB, *seul.*

« Vous quitterez mon service!... » Oh!
vieillard, va!... Je ne suis pas né mé-
chant... je souhaite à mon prochain tout
tes sortes de félicités, c'est connu... mais
si tu pouvais te casser le cou!... (*Remet-
tant à leur place le fauteuil et le tabouret.*)
Venir fumer dans un salon!... un peu
plus on ne se verrait pas ici!... (*Il prend
la pipe de Danvers et la regarde attentivement.*) C'est donc bien gentil d'avoir ça à
la bouche?... Mais si je voulais, moi aussi
je fumerais... mais je ne veux pas. (*Il approche la pipe de la lumière.*) Je trouve
qu'il est indécent de prendre un salon
pour une taverne!... (*Il fume.*) Me chasser!... Oh! oh! Dieu! dans ce pays-là le
tabac vous a un parfum!... Le vieux Chi-
nois!... il se soigne!... Qu'est-ce que c'est
que ça?... (*Il prend un des verres.*) Oh! ça
sent l'Inde à pleine bouche!... (*Il boit.*)
Et une veuve... une grand'-mère qui se
donne des airs de vouloir... allons donc!..
(*Il prend son verre et il boit.*) Oh! renversant! renversant!..

Air de la Fête du village voisin.

Ce pays-là vaut mieux que l'Angleterre,
Si j'y vivais, moi, je voudrais avoir
A mes côtés, du matin jusqu'au soir,
Une charmante bayadère
Qui m'agacerait,
Me provoquerait
Avec une pipe ou bien un petit verre.
Il boit.
Puis sur mon divan,
Comme un vrai sultan,

Je me soignerais...
Comme je boirais !
Je m'en donnerais
Tant que j'en mourrais !
Ah ! le beau pays,
C'est un vrai paradis !

Il verse dans tous les verres; puis il boit et fume
alternativement.

SCENE XI.

ÉDOUARD, JACK-BOB.

ÉDOUARD. Eh bien ! Jack-Bob, que fais-tu donc là, une pipe d'une main, un verre de l'autre ?

JACK-BOB. Moi, monsieur, je range.

Il remet à leur place le fauteuil, la table.

ÉDOUARD. Est-ce toi qui as rempli l'appartement de cette odeur ?

JACK-BOB. Non, monsieur, c'est l'oncle de madame.

ÉDOUARD. Que signifie...

JACK-BOB. Ah ! vous en verrez bien d'autres. Quatorze pieds , monsieur Édouard, quatorze pieds de hauteur !

ÉDOUARD. Qui ?

JACK-BOB. Les cakatoës ! Et dire qu'il vous avale rien qu'à son déjeuner cinq ou six poules et autant de lapins, sans compter le dessert.

ÉDOUARD. Qui donc ?

JACK-BOB. Le petit tigre.

ÉDOUARD. Ah ! Jack-Bob, je n'aime pas les plaisanteries ; brisons-là... Où est M. Preston ?

JACK-BOB. A table.

ÉDOUARD. Et miss Lucile ?

JACK-BOB. Également à table.

ÉDOUARD. C'est bien, je vais attendre... Ah ! la voici !

Jack-Bob va reprendre son fusil, puis il prend la
bouteille à liqueur et l'emporte.

SCENE XII.

ÉDOUARD, LUCILE.

LUCILE. Ah ! sir Édouard , venez donc, mon grand-oncle est arrivé.

ÉDOUARD. Je le sais, miss... mais je ne comprends rien à ce que Jack-Bob vient de me dire... Se peut-il que M. Danvers soit bizarre, extravagant ?

LUCILE, *raillant.* Mon oncle est peut-être un peu original... un peu exigeant. Il a voulu qu'ici une maison organisée comme celle qu'il a laissée dans les Indes. De là , beaucoup de contrainte de notre part et un peu de mauvaise humeur de la sienne... mais cela n'a rien qui doive nous étonner... son âge...

ÉDOUARD. Oh ! son âge l'excuse tout-à-fait.

Air *de Turenne.*

Il semble vraiment que la vie
Soit un roman dont l'homme avec bonheur
Parcourt la première partie,
Mais dont la fin par sa sombre couleur
Le rend chagrin, triste et grondeur.

LUCILE.

Au vieillard qui finit l'ouvrage,
Par notre amour et par nos soins,
Nous, jeunes gens, tâchons du moins
D'embellir la dernière page !

ÉDOUARD. Ce cher oncle !... je me fais une fête de l'embrasser... de lui confier nos projets, notre amour...

LUCILE. Imaginez-vous qu'il fait peur à tout le monde.... moi seule je ne le crains pas.

ÉDOUARD. Oh ! ni moi, et je brûle de le voir.

LUCILE.

Air :

Il sera notre appui.

ÉDOUARD.

Presque autant que vous-même ,
Oui, je sens que je l'aime.

LUCILE.

Courons auprès de lui.

Fausse sortie; Danvers paraît au fond.

LUCILE *et* ÉDOUARD, *s'arrêtant.* Ciel !

SCENE XIII.

LES MÊMES, DANVERS.

DANVERS, *sans faire attention à eux.*
J'ai dû quitter la table...
Un seul valet pour vous servir !..
Vraiment, c'est pitoyable !
Je n'y peux plus tenir.

LUCILE ET ÉDOUARD.
D'où peut donc provenir
Sa subite colère?
Sortons : bientôt, j'espère,
Nous pourrons revenir.

Ils vont pour sortir.

DANVERS, *brusquement.* Eh bien ! qu'est-ce ? que me veut-on ?

ÉDOUARD. Monsieur...

DANVERS, *se retournant vers lui.* Qui êtes-vous ?

ÉDOUARD. Édouard Rice.

DANVERS. Je ne connais pas...

ÉDOUARD. Je venais vous exprimer tout le bonheur que j'éprouve...

DANVERS. C'est bon, c'est bon... je déteste les phrases et les phraseurs.

Lucile et Édouard remontent la scène.

DANVERS, *les retenant.* Eh bien! vous sortez! je vous fais donc peur?

LUCILE. Oh! bien au contraire...

ÉDOUARD. Nous craignons seulement d'être importuns.

LUCILE. Et nous préférons nous retirer.

ÉDOUARD. Nous aurions attendu un moment plus favorable.

DANVERS, *les observant.* Nous... nous.... Ah!... bien!.... je commence à comprendre... Sir Édouard Rice... et miss Lucile.

LUCILE. Oui, mon oncle... oui, vous y êtes!

ÉDOUARD. Et nous attendons votre consentement...

DANVERS. Pour vous marier! vous n'en avez pas besoin.

ÉDOUARD. Oh! monsieur, comme chef de la famille ..

LUCILE. Nous devons avant tout vous consulter...

ÉDOUARD. Nous en rapporter à votre avis.

LUCILE. Édouard n'a pas encore une position faite, mais avec de l'activité, de l'honneur, il parviendra... Et certainement bien des gens seront enchantés de l'aider, de répondre pour lui!...

DANVERS. Ah! ah!

LUCILE. Oh! mon Dieu! que lui faut-il! une simple commandite!... et je suis bien sûre qu'avant peu d'années sa fortune sera faite...

DANVERS. Oui-dà!..... une simple commandite!

ÉDOUARD. Si je désire tant parvenir... c'est pour elle, monsieur.. Quel bonheur de lui faire partager le fruit de mes efforts! de l'entourer de tout l'éclat d'un rang noblement acquis!

LUCILE. N'est-ce pas, mon bon oncle, que vous nous approuvez... et que vous consentez?

DANVERS. Sans doute... sans doute!.... j'approuve et je consens.

ÉDOUARD. Que vous êtes bon, monsieur!

LUCILE. Cher oncle!... ah! vous ne pouviez arriver plus à propos.

DANVERS. Vous trouvez?

LUCILE. Pour être témoin de notre bonheur.

ÉDOUARD. Et pour y contribuer.

LUCILE, *à Danvers.* Si vous saviez combien je suis heureuse... (*A Édouard.*) Venez, sir Édouard, venez conter tout cela à

mon père!... (*A Danvers.*) Vous permettez, cher oncle! (*A Édouard.*) Hein! quand je vous disais qu'il était bon... qu'il nous aimait?... (*A Danvers.*) Adieu, bon petit oncle!

Elle entraîne Édouard.

SCÈNE XIV.

DANVERS, *seul et après un temps.*

Une simple commandite!.. Ah! ah! (*Imitant Lucile et Édouard.*) « Cher oncle, vous » ne pouviez arriver plus à propos!.. Pour » être témoin de notre bonheur... et pour » y contribuer. » Qu'est-ce que tout cela veut dire? Eh! parbleu! la commandite!.. voilà le but de toutes ces cajoleries... de toutes ces prévenances... Il est clair qu'on veut m'amener là!... Et qui sait même si l'on n'a pas compté sur une dot!.... Je ne suis revenu que pour enrichir M. Édouard Rice et M. Preston!.. La commandite!... la dot!... la succession!... (*Il se promène et paraît très-agité.*) Bien... très-bien!.. voilà la mèche qui s'évente.

SCÈNE XV.

DANVERS, MISTRESS PODGERS.

MISTRESS PODGERS. Eh! mon Dieu!.... qu'avez-vous, monsieur?

DANVERS. Des flatteurs... des cœurs secs et intéressés, des ames cupides.... voilà ce que l'on rencontre à chaque pas et ce qui m'attendait au sein de ma vertueuse famille!

MISTRESS PODGERS. Eh quoi! M. Preston vous aurait-il déjà parlé de sa position, des engagemens qui lui restent à acquitter?

DANVERS. Preston a des dettes!

MISTRESS PODGERS. Ruiné par une suite de faillites...

DANVERS. C'est cela... et il comptait sur moi pour désintéresser ses créanciers.

MISTRESS PODGERS. Vous ignoriez peutêtre... Ah! j'ai eu tort... on attendait sans doute pour vous en parler que le mariage fût terminé.

DANVERS. Ah! vous êtes aussi au courant de cette affaire?

MISTRESS PODGERS. Elle a été renouée à la nouvelle de votre retour.

DANVERS, *se montant de plus en plus.* Et on avait besoin de moi pour la conclure et pour toucher la dot!

MISTRESS PODGERS. Le jeune Édouard est charmant !... mais il n'a rien...

DANVERS, *avec force*. Ils auront attendu en vain !... Ah ! mistress Podgers !.. je ne pourrai donc pas une fois dans ma vie être aimé pour moi !.. J'aurai donc toujours des envieux et jamais un ami !... Voilà pourtant où nous en sommes réduits !... nous autres malheureux favoris de la fortune! Parce que nous sommes riches, c'est à force de guinées que nous obtenons ce que les autres obtiennent pour eux-mêmes. L'amour des femmes quand nous sommes jeunes, l'amitié des hommes quand nous sommes vieux, les soins de nos serviteurs quand nous sommes malades, une prière, une larme quand nous mourons, il nous faut tout acheter ! La fortune !.. squelette hideux recouvert de soie et de fleurs !... Miroir à double glace, dont l'une reflète tout en rose, c'est le côté du mensonge ! et l'autre tout en noir, c'est celui de la vérité! D'un côté, c'est le visage!... De l'autre, c'est le cœur ! — Ah ! pourquoi ai-je eu l'idée de revoir l'Angleterre, de venir y chercher des parens qui m'avaient sans doute oublié, mais à qui le bruit de mes richesses a bien vite rendu la mémoire !

MISTRESS PODGERS. Hélas, mon cher monsieur, on rencontre bien peu de cœurs désintéressés.

DANVERS. Je chercherai si bien que je finirai peut-être par en découvrir un !... Un seul ! je n'en demande pas davantage !

MISTRESS PODGERS. Prenez garde de devenir la dupe de quelque intrigant.

DANVERS. Moi la dupe d'intrigans !... je les dépiste à une lieue!

MISTRESS PODGERS. Que ne cherchez-vous dans une union raisonnable une tranquillité que rien ne saurait troubler?

DANVERS. Oh !... me marier !... moi !

MISTRESS PODGERS. Sans doute : feu master Podgers disait de même... mais j'avais épousé en lui l'homme bon, aimable, et non l'homme riche !...

DANVERS. Où trouver une seconde femme comme vous?... (*La regardant attentivement.*) Eh mais... au fait... à quoi bon en chercher une seconde?... n'êtes-vous pas là ?

MISTRESS PODGERS. Oh !

DANVERS. Vous êtes libre?

MISTRESS PODGERS. Quelle idée !

DANVERS. Je succède à un ami... ça se voit tous les jours.

MISTRESS PODGERS. Non, non... vous n'y pensez pas... c'est impossible... Et cependant quel plus grand bonheur que d'entourer de soins l'époux qu'on a choisi, de lui faire oublier dans les douceurs du ménage les fatigues d'une vie laborieuse ! Ah! si le capitaine vivait encore!... Il aurait maintenant votre âge.

DANVERS. Je crois même que j'avais quelques mois de moins que lui !...

MISTRESS PODGERS, *avec émotion*. Je redoublerais de tendresse, l'amour embellirait notre existence...

DANVERS. L'amour!... (*A part.*) En vérité, cette femme a des sentimens ...

MISTRESS PODGERS. Plus tard je serais heureuse et fière d'être le soutien de ses vieux jours !... Tandis que seule... sans appui... Ah !... Dieu !... quand je pense à cela les larmes... les larmes... me suffoquent !... J'étouffe !...

Elle s'appuie sur le bras de Danvers.

DANVERS, *effrayé*. Est-ce que vous allez encore vous trouver mal ?...

MISTRESS PODGERS. Non, je ne pense pas !

DANVERS, *cherchant à saisir un fauteuil*. C'est que je prendrais mes précautions !

MISTRESS PODGERS, *s'appuyant encore*. Ah !...

DANVERS. Asseyez-vous, de grâce, vous me faites trembler. (*Il la fait asseoir.*) Je suis plus tranquille.

MISTRESS PODGERS. Je suis si nerveuse !...

DANVERS. Que de délicatesse... de sensibilité !

AIR *de M. Masset.*

Ainsi donc vous croyez, madame,
Que je puis encore espérer
De me faire aimer d'une femme ?
MISTRESS PODGERS.
Mais vous n'avez qu'à vous montrer.
DANVERS.
Avec les yeux de l'indulgence
Vous me voyez...
MISTRESS PODGERS, *le regardant tendrement.*
Oh ! nullement,
Et vous pouvez, en conscience,
Passer pour un homme charmant.

DANVERS, *avec fatuité et en rajustant sa cravate et son habit*. On est pour son âge assez bien conservé.

MISTRESS PODGERS, *se levant*. Conservé ! beaucoup d'hommes seraient heureux d'être à trente ans ce que vous êtes encore...

ENSEMBLE.

DANVERS, *à part, et ravi.*
Ce caractère
A tout pour plaire,

C'est un trésor
Qui vaut de l'or ;
Elle est charmante !
Elle m'enchante.
Quel bonheur
De toucher son cœur !

MISTRESS PODGERS.

Mon caractère
A su lui plaire,
Il vaut de l'or ;
Tâchons encor
D'être charmante
Et séduisante.
Quel bonheur
De toucher son cœur !

DANVERS. Et si j'offrais à cette femme ma main, ma fortune ?

MISTRESS PODGERS. Ce dernier mot serait de trop.

DANVERS, *à part.* Charmante ! (*Haut.*) Si, lui saisissant la main, je lui disais avec transport...

Même air :

Dans votre cœur laissez-moi prendre
La place d'anciens souvenirs ;
Désormais mon soin le plus tendre
Sera de combler vos désirs.
Parlez !.. puis-je avoir l'espérance,
Que mes vœux seront exaucés ?

MISTRESS PODGERS, *baissant les yeux.*
Monsieur, son pudique silence
Devra bien vous en dire assez.

DANVERS, *transporté.* Ah ! voilà donc l'âme que j'avais rêvée !... le cœur que je cherchais !

Il lui baise la main à plusieurs reprises.

MISTRESS PODGERS, *feignant de vouloir se dégager.* Que faites-vous ?... Ah ! finissez, monsieur !... finissez !...

ENSEMBLE.

DANVERS.

Ce caractère
A tout pour plaire,
C'est un trésor
Qui vaut de l'or ;
Elle est charmante,
Elle m'enchante.
Quel bonheur
De toucher son cœur.

MISTRESS PODGERS.

Mon caractère
A su lui plaire ;
Il vaut de l'or,
Tâchons encor
D'être charmante
Et séduisante.
Quel bonheur
De charmer son cœur !

DANVERS, *à part.* Ma résolution est prise !... il faut en finir !

Il va à la porte de sa chambre, frappe ; l'Indou paraît sur le seuil de la porte, et Danvers lui donne un ordre à voix basse.

SCENE XVI.

LES MÊMES, PRESTON, FANNY, LUCILE, ÉDOUARD, WATFORD, MESSIEURS ET DAMES.

CHOEUR.

AIR *de M. Doche.*
Vous le voyez, chacun s'empresse,
Et de votre oncle dans ce jour,
Tous vos amis, avec ivresse,
Viennent fêter l'heureux retour.

SIR WATFORD, *à part, sur l'avant-scène, à une autre personne.* Voilà donc cet oncle dont la fortune est si considérable !... Sa présence chez Preston doit nous ôter toute inquiétude sur le remboursement de nos créances. Quant à moi, je suis parfaitement tranquille.

PRESTON. Mon oncle, je vous présente le voisin Watford. Vous aimez l'écarté ? Il est prêt à faire votre partie.

DANVERS. Qui vous a dit, monsieur, que j'aimasse l'écarté ?

PRESTON. Mais c'est vous-même qui ce matin...

DANVERS. Ah !... ce matin !... c'est possible, mais ce n'est plus ça !

WATFORD, *à part.* C'est un original !

PRESTON. Très-bien, n'en parlons plus... J'ai beaucoup mieux à vous offrir. (*Danvers regarde mistress Podgers, et ne paraît pas l'écouter.*) Vous connaissez mon cabinet ? je l'ai consacré depuis tantôt à un superbe billard, dont je viens de faire l'acquisition à l'instant !

DANVERS. Eh ! que me fait à moi que vous ayez ou non un billard ! je ne joue jamais !

PRESTON, *stupéfait.* Mais c'est uniquement pour vous...

DANVERS, Vraiment ?... pour moi ?... (*A part.*) Égoïstes !... On connaît le but de vos attentions !

LUCILE, *s'approchant de son père.* C'est un petit caprice... ça passera.

PRESTON. Allons, Fanny, veuillez sonner et faire apporter le thé !

JACK-BOB, *dans la coulisse.* Au secours !.. au voleur !...

Un coup de feu. Tout le monde se lève ; et aussitôt Jack-Bob accourt avec son fusil.

SCENE XVII.

LES MÊMES, JACK-BOB.

JACK-BOB. Victoire ! victoire !

PRESTON. Eh bien !... qu'y a-t-il ?

JACK-BOB. Il y a que mes jours étaient menacés, que l'infâme petit tigre avait pris son vol... et que voilà.

Il frappe sur son fusil.

DANVERS. Tu l'as tué !.. tu as tué mon magnifique tigre ?...

JACK-BOB. Oui... oui... feu le magnifique tigre !

DANVERS. Malheureux ! une morsure... on en guérit !... on n'en meurt pas toujours !... mais un tigre tué.

JACK-BOB, *à part.* Des êtres pareils !... ça se défend entre eux !

PRESTON, *à part.* Dans le fond je n'en suis pas fâché ; mais c'est égal. (*Haut.*) Jack-Bob, je vous chasse. (*A Danvers.*) Mon oncle, nous pardonnerez-vous la perte de votre précieux animal ?...

DANVERS. Pas de phrases, monsieur, pas de phrases. — Le dernier coup est porté ! dans cinq minutes vous n'entendrez plus parler de moi.

PRESTON. Comment !... vous partez !...

DANVERS. Oui, monsieur... oui, je pars !

JACK-BOB. Tant mieux !.. tant mieux !..

PRESTON. Hein !... Qu'est-ce ?...

JACK-BOB. Je dis, ah Dieu ! ah Dieu !..

FINALE.

AIR *de M. Doche.* *

CHOEUR.

Cet accident l'irrite :
Mais est-ce une raison
Pour s'emporter si vite
Et quitter la maison ?
Il faut qu'il ait encore,
Pour causer ce départ,
Un motif qu'on ignore
Et qu'on saura plus tard !

LUCILE, *passant vers Danvers.*
Un souvenir à moi vous lie,
Et je viens l'invoquer ! restez, je vous en prie.

DANVERS.
C'est décidé, je vais partir.

PRESTON *et* FANNY.
Quoi ! rien ne peut vous retenir ?

DANVERS.
Non, non, vraiment ! je veux partir !

JACK-BOB, *à part.*
Qu'il parte ! il nous fera plaisir.

MISTRESS PODGERS, *à Danvers.*
Restez auprès de vos neveux !
Ici vous pouvez être heureux,
Et seul encor vous allez vivre !

DANVERS.
Allez, n'ayez pas peur pour moi :
Je connais quelqu'un qui, je crois,
Sera bien aise de me suivre ;
Qui, sans un motif d'intérêt,
A su m'aimer et qui me plaît.
Bref, pour finir, je le publie,
Bientôt, messieurs, je me marie.

TOUS.
Est-il possible ? il se marie !

DANVERS.
Vous avez cru que tout exprès
Pour vous enrichir j'arrivais ;
Mais mon départ ici, je pense,
Va tromper plus d'une espérance.

Preston fait un mouvement d'indignation.

CHOEUR.
Voilà tout le mystère,
Pour rompre, on le voit bien,
Sa subite colère
N'est ici qu'un moyen :
Attendons, et peut-être
De son amour secret
Il nous fera connaître
Le merveilleux secret.

L'orchestre accompagne jusqu'à la fin.

WATFORD, *à part, à un autre créancier.* Ceci change la position ! et je vous avoue que ma confiance est bien diminuée ! Quelle garantie avoir maintenant !

PRESTON, *à part.* Une pareille scène devant mes créanciers !

UN DOMESTIQUE, *au fond.* La berline de M. Danvers !

DANVERS. Ah ! Dieu soit loué ! Mistress Podgers, permettez que je vous reconduise jusque chez vous.

TOUS. Mistress Podgers !

MISTRESS PODGERS, *allant à Preston et à Fanny.* Croyez bien, mes chers amis, que je suis désolée de ce qui arrive, et si jamais je puis vous être utile...

PRESTON. Eh ! madame !...

DANVERS, *prenant la main de mistress Podgers.* Venez !... venez !... (*Au fond.*) Au revoir, mes chers neveux.. au revoir... après ma noce !

JACK-BOB. C'est ça !.. il épouse la grande vieille !

---

* S'adresser, pour se procurer la musique nouvelle, à M. DOCHE, chef d'orchestre du théâtre du Vaudeville.

ACTE DEUXIÈME.

Un pavillon ouvert sur un jardin ; au premier plan à droite, une croisée ; au deuxième plan, une porte. A gauche au premier plan, une porte; au deuxième plan, une armoire; au fond une porte, à droite une fenêtre, à gauche une autre porte; sur l'avant-scène à droite, une table à ouvrage, une pendule entre la croisée et la porte à droite.

SCENE PREMIERE.

LUCILE, FANNY.

Elles sont assises auprès de la table et travaillent.

LUCILE. Bonne mère, arrêtez-vous. Il faut prendre un peu de repos.

FANNY. Non, je n'en ai pas besoin.

LUCILE. Oh! vous le dites, mais je vois le contraire à vos yeux fatigués.

FANNY. Il faut bien profiter du temps où ton père est absent, et où nous pouvons travailler sans être vues : cet ouvrage est pressé.... la marchande qui nous l'a commandé exige qu'il soit livré demain.

LUCILE. J'aurais passé la nuit.

FANNY, *regardant Lucile et lui serrant la main.* La nuit! à travailler! Chère enfant!

LUCILE, *indiquant la fenêtre.* Regardez donc, je vous prie, si les brouillards couvrent encore l'horizon. (*Elle lui retire l'ouvrage des mains.*) Vous reprendrez après.

FANNY, *ouvrant la fenêtre.* Le ciel est magnifique!

LUCILE, *travaillant.* Vraiment!... voit-on la Tamise?

FANNY. Oui. Et parmi les bâtimens qui sont dans le port, il en est un que l'on distingue parfaitement.

LUCILE. Le Robinson, n'est-ce pas?

FANNY, *allant à elle.* Viens le regarder ensemble. (*Elle lui ôte l'ouvrage des mains.*) Tu reprendras après.

LUCILE, *à la fenêtre.* Oui... le voilà bien encore à la place où je l'ai vu hier... où, peut-être, je ne le verrai plus demain!.... Ah!... tenez, ma mère, sa vue me fait mal!

FANNY. Tu n'es pas raisonnable, Lucile?

LUCILE. C'est plus fort que moi... Et quand je songe à ce départ... quand je réfléchis qu'il faudra passer huit mois avant d'avoir des nouvelles d'Edouard, et deux ans avant de le revoir!.... deux ans!.... quand on s'aime!... Car je l'aime, ma mère, je puis vous le dire, à vous..... Je

l'aime!... Oh! tenez, laissez-moi reprendre mon ouvrage.... (*Elle se rassied.*) Le travail ne me fait pas oublier Edouard..... non... mais il me rappelle de bons parens que je dois chérir... consoler... et si je ne suis pas tout-à-fait heureuse..... au moins je ne suis pas ingrate!

Elle brode. Fanny porte la main à ses yeux, et remonte la scène.

FANNY, *vivement.* Lucile..... Lucile..... voilà ton père!

Lucile cache l'ouvrage dans la corbeille et se lève.

SCENE II.

LES MÊMES, PRESTON, *entrant par le fond.*

Il pose son chapeau sur un meuble et vient ensuite s'asseoir sur l'avant-scène de gauche. Fanny s'approche de lui, ainsi que Lucile ; il les regarde et leur prend les mains.

FANNY. Qu'avez-vous, mon ami?... sans doute quelque nouvelle contrariété?...

PRESTON. Non, non, j'ai réussi comme je le désirais..... je suis heureux !.... oh! oui! bien heureux !

FANNY. De grâce, expliquez-vous.

PRESTON. Fanny... ma fille... comment vivons-nous depuis trois mois?

FANNY, *hésitant.* Mais...

PRESTON. Du fruit de vos travaux, de vos veilles... Oh! vous vous cachiez de moi, je le sais..... Pauvre femme!.... pauvre enfant!... qui n'aviez eu jusqu'alors d'autres occupations, d'autres soucis que ceux d'un ménage, voilà deux grands mois que vos journées entières et souvent une partie de vos nuits sont employées à gagner...

LUCILE, *l'interrompant.* Mon père!

PRESTON. Je me taisais pour que la vue de mon chagrin ne vînt pas augmenter le vôtre..... mais il y avait là un poids affreux..... horrible!.... J'ai suspendu mes paiemens, me disais-je, eh bien ! puisque mes créanciers ont accepté soixante pour cent, qui m'oblige à dépouiller ma femme, ma fille, du peu qui m'est resté, et cela, pour acquitter des dettes dont je suis libéré légalement?.... Oh! je l'avoue, parfois j'hésitais... Mais bientôt une pensée plus forte, plus entraînante, venait changer ma résolution..... Cet argent, je le dois!... Et vite, je courais chez un créancier : Prenez, monsieur, prenez!... Nous étions quittes d'après les lois... nous le sommes maintenant d'après l'honneur..... Oh! j'oubliais tout alors!... chagrins, peines, sacrifices... On est si heureux dans un tel moment!

FANNY. Eh bien! mon ami, vous pouvez jouir de ce bonheur dans toute sa force, les quarante pour cent que vous deviez encore, vous les avez payés.

PRESTON. Oui, j'ai tout payé en nous ruinant, en vendant nos propriétés, cette maison, qu'il nous faudra quitter bientôt... j'ai tout payé en ayant recours à ce bon Édouard, qui n'a pas hésité à nous confier une partie de son patrimoine... Et qui sait si je pourrai jamais m'acquitter envers lui ?

LUCILE. Vous avez le temps d'y songer, mon père !

PRESTON. Enfin d'aujourd'hui notre position va changer... J'ai obtenu dans la maison Watford un emploi de cent livres sterling... C'est assez pour vivre.

FANNY. Vous!... commis de magasin !

PRESTON. Oui... chez mon ancien commis... Il a fait sa fortune chez moi, je referai peut-être la mienne chez lui !

FANNY. C'est cruel !

PRESTON. Que voulez-vous ?

Air : Depuis ce temps.

Il fut un temps où j'excitais l'envie,
Notre avenir alors semblait certain ;
   Voilà les chances de la vie !
   Riche aujourd'hui, pauvre demain :
L'homme est toujours le jouet du destin.
FANNY.
Heureux du moins, quand le sort le délaisse,
Des jours passés s'il n'a point à rougir.
PRESTON.
J'ai vu sans crainte arriver la détresse...
FANNY.
Par le travail vous saurez l'ennoblir.

Ah! pourquoi M. Danvers s'est-il souvenu de nous ?

PRESTON. Oh! oui..... car son passage dans cette maison a mis le comble à tous nos malheurs. Avant son arrivée, mes créanciers, confians dans ma probité, mon honneur, ne demandaient pas mieux que de m'accorder des délais indispensables pour que je pusse m'acquitter. M. Danvers paraît! leur confiance redouble; il part!... tous me la retirent, tous me poursuivent, et quinze jours après je ne faisais plus honneur à ma signature! Voilà ce que nous devons à l'égoïsme de M. Danvers et à l'intrigue de sa femme.

LUCILE. O mon père, oubli pour elle, pardon pour lui !

PRESTON. Que je pardonne!... que j'oublie!... la perte de mon crédit, de ma réputation, et les mois de souffrances que vous avez subis!... Oh! non, Lucile, non, cela n'est pas possible!... (Après un temps.) Édouard tarde bien à venir!... Je l'ai quitté il y a deux heures, comme il allait s'informer du jour de son départ.

LUCILE. Si l'on envoyait Jack-Bob à sa rencontre !

Jack-Bob paraît en s'essuyant les yeux comme quelqu'un qui vient de pleurer.

SCENE III.

LES MÊMES, JACK-BOB.

PRESTON. Il faut aller de suite savoir pourquoi... Mais que veut dire cela?... tu pleures?

LUCILE. En effet, ce pauvre garçon!....

JACK-BOB. Il y a de quoi, miss... si vous aviez vu ce que j'ai vu... vous auriez vu si on peut voir ça sans pleurer...

PRESTON. Enfin dis-nous ce que tu as.

JACK-BOB. Oh! pas devant vous, monsieur; vous m'avez si bien défendu de parler de rien qui ait rapport à... à...

PRESTON. A M. Danvers, n'est-ce pas ?

JACK-BOB. Oui, monsieur, précisément, et je ne voudrais pas vous désobéir pour un royaume. Et cependant, si on m'offrait un royaume, je n'en serais pas fâché..... non que je me déplaise à votre service..... O Dieu!... pour rien au monde je ne voudrais vous quitter... mais au moins je pourrais être utile à mon malheureux cousin !

PRESTON. Qui?...Williams?... Comment va-t-il ?...

JACK-BOB. Je vous remercie pour lui... Il va aussi bien que son état présent peut lui permettre..... il est décédé d'hier matin.

PRESTON. Williams est mort ?

JACK-BOB. Et non encore enterré... ce qui fait que si j'avais un royaume, il ne manquerait rien à ses funérailles.

PRESTON. Pauvre Williams !.. voilà encore une victime de M. Danvers.

JACK-BOB. O mon Dieu, oui! le jour

où la ménagerie a déménagé, en voulant attacher un des cakatoës, il en a reçu dans l'estomac un coup de bec qu'il n'a jamais pu digérer.

PRESTON. Tâche de te consoler, mon garçon.

JACK-BOB. Williams, je le sais bien, était un peu buveur, pas mal querelleur, excessivement joueur... sans compter une foule d'autres petits défauts du même genre, qui le faisaient détester généralement... mais, enfin, c'était mon cousin.... et je pleure.

PRESTON. Le ciel est juste!.. et tout le mal que nous a fait M. Danvers retombera sur lui tôt ou tard.

JACK-BOB. Je vous avoue que je vis dans cette douce espérance.

LUCILE. Mon père, voilà sir Édouard.

SCENE IV.

Les Mêmes, ÉDOUARD.

PRESTON. Eh bien! mon ami, avez-vous des nouvelles à nous donner?

ÉDOUARD. J'en ai deux. L'une, bien triste, mais à laquelle nous devions nous attendre.

PRESTON. Votre départ est fixé?

ÉDOUARD. A ce soir, quatre heures.

LUCILE. Sitôt!.. ah!.. ma mère!

ÉDOUARD. Lucile, voulez-vous donc m'ôter toute ma force, tout mon courage?

LUCILE, *prenant sur elle.* Je ne pleure pas, voyez... Mais l'autre nouvelle, sir Édouard?

ÉDOUARD. Ah! celle-là!... c'est différent... je suis heureux de pouvoir vous l'apporter, car je sais d'avance la joie qu'elle va vous causer.

FANNY. Parlez, alors, parlez vite.

ÉDOUARD. Tenez, monsieur, lisez.

Il donne à Preston un journal, et il lui indique du doigt l'article qu'il doit lire.

PRESTON, *lisant d'abord avec méfiance.* « Cour de la chancellerie. » (*Lucile et Fanny écoutent avec anxiété, Jack-Bob lui-même se rapproche pour entendre.*) « Les » créanciers de sir Preston viennent de » déclarer unanimement avoir reçu de » lui le montant intégral de leurs créan- » ces, bien qu'ils lui eussent abandonné » quarante pour cent de ces mêmes créan- » ces, et donné quittance pleine et en- » tière. »

JACK-BOB, *à part.* Les braves gens!

ÉDOUARD. Achevez, monsieur.

PRESTON, « La cour, touchée d'une con-

» duite aussi noble, aussi loyale, a ordonné » que la susdite déclaration serait affichée » dans toute la Cité, insérée dans tous les » journaux, et a déclaré, en outre, rendre » à l'honorable sir Preston tous ses droits » commerciaux. »

FANNY *et* LUCILE. Mon ami!.. mon père!

JACK-BOB. Vive la cour de la chancellerie!

PRESTON, *vivement ému.* Je ne puis croire encore ce que je viens de lire... ma réputation rétablie, mon nom réhabilité... oh! c'est à en devenir fou de joie... Fanny!... ma fille..... (*Il les embrasse.*) Et vous, Édouard, excellent ami.

ÉDOUARD. Du moins, en partant, je laisse du bonheur à ceux que j'aime.

FANNY. Votre résolution est donc bien prise? Vous nous quittez?

ÉDOUARD. Le moyen de faire autrement? D'ailleurs, tant d'autres ont fait fortune dans nos colonies... je les imiterai peut-être... ma pacotille est bien choisie...

PRESTON. Mais vous avez mis là tout ce que vous possédiez.

ÉDOUARD. Raison de plus pour vouloir en tirer un bon parti ; et quelque chose me dit que je réussirai, que bientôt je reviendrai vous aider à former de nouvelles entreprises, à relever votre fortune.

PRESTON. Bon jeune homme!

ÉDOUARD. Mais n'oublions pas que le temps me presse, et que vous avez quelques instructions à me donner...

PRESTON. Entrons dans mon cabinet.

LUCILE. Et hâtez-vous d'en finir avec les affaires, afin de passer ensemble les derniers instans qui nous restent.

FANNY.

Air : *Pourquoi presser ce mariage.*

Viens, ma fille, et reprends courage ;
Le sort nous sépare en ce jour,
Mais ce n'est qu'un moment d'orage :
Songeons au bonheur du retour.

ÉDOUARD, *à Lucile.*
Ah ! pour mieux supporter l'absence,
Je rêverai des jours plus doux ;
Mon cœur franchira la distance,
Et je me croirai près de vous !

ENSEMBLE.

Allons, il faut prendre courage ;
Le sort nous sépare en ce jour,
Mais ce n'est qu'un moment d'orage :
Songeons au bonheur du retour.

Preston sort avec Édouard par la droite, Fanny et Lucile par la gauche.

SCENE V.

JACK-BOB, *seul.*

En voilà des maîtres modèles.... oui... oui... je vous vénère, je vous bénis... riches ou pauvres, jamais je ne quitterai votre service. (*Se retournant vers le portrait de Danvers.*) Et c'est à des êtres aussi parfaits que ce vieux a pu faire des chagrins... et dire que personne n'a osé le décrocher de là !... Avise-toi de revenir.... toi et tes sauvages... c'est à moi, Jack-Bob, que vous aurez affaire. Oh! tu auras beau me faire tes gros yeux.... je n'ai pas peur, va. Tiens, tiens, je sens que je n'y tiens plus..... j'éprouve le besoin de te dire tout ce que j'ai là qui m'étouffe...Aussi bien voilà assez longtemps que tu déshonores le salon de ta présence. (*Il va décrocher le portrait, puis il le pose debout sur un fauteuil; pendant ce temps, on voit paraître au fond Danvers, qui marche doucement en s'appuyant sur une canne, et qui s'arrête à l'une des fenêtres ouvertes comme pour voir ce qui se passe.*) Ah! ah!... nous voilà face à face. D'abord tu te donnes pour l'oncle de madame... et je soutiens que tu en imposes... tu ne peux pas être son oncle ; je dirai plus... tu ne peux pas être un homme... tu as sucé du lait de tigresse. Hein? comment? tu m'appelles coquin... tu lèves ta canne sur moi... (*Saisissant le portrait d'une main, et le menaçant de l'autre.*) Veux-tu bien!.. je te vais....Ah! j'aime mieux l'enfermer.... on ne doit pas laisser circuler des êtres aussi malfaisans... je l'enferme.

Il va ouvrir une armoire qui se trouve à gauche, et il y place le portrait. Danvers, qui l'a écouté, s'avance tranquillement.

SCENE VI.

DANVERS, JACK-BOB.

JACK-BOB. Je suis sûr que M. Preston me remerciera de cet acte de courage.

DANVERS. Jack-Bob!

JACK-BOB, *sans se retourner.* On y va. (*Fermant l'armoire.*) Au moins, nous ne l'aurons plus devant nos yeux. Qui est-ce qui m'a appelé? (*Il se retourne.*) Ah! mon Dieu! je rêve.

DANVERS.

AIR de *Renaud de Montauban.*

Ma présence ici te surprend?...

JACK-BOB.

Ce n'est pas lui !... non , je ne puis le croire...
C'est un fantôme ! et cependant
Voilà la clef... j'ai bien fermé l'armoire !

DANVERS.

Je suis partout.

JACK-BOB.

C'est idéal!

DANVERS.

Tu ne pensais pas, je parie,
En enfermant cette copie,
Revoir sitôt l'original !

JACK-BOB.

C'est bien lui!.. c'est l'original !

DANVERS. Donne-moi un fauteuil.

JACK-BOB, *à part.* Ah ! par exemple! j'admire son audace... me demander un fauteuil. (*A Danvers.*) Je ne suis pas votre domestique.

DANVERS. Eh bien? (*Jack-Bob lui avance un fauteuil.*) Merci.

JACK-BOB. Comment, merci... de ce que je vous prie de vous en aller?

DANVERS. Tiens... prends ma canne et mon chapeau.

JACK-BOB. Je ne suis pas votre domestique. Êtes-vous sourd? on vous prie de....

DANVERS. Ah çà ! prends-tu, eh?

JACK-BOB, *prenant la canne et le chapeau, et les posant sur la table.* Je tombe dans l'abrutissement le plus parfait.

DANVERS, *assis.* Me voilà donc dans cette maison où je pensais ne plus revenir, où j'avais d'abord cherché des esclaves.... Suis-je sûr maintenant d'y trouver des amis?

JACK-BOB , *à part.* Il est assis... installé comme chez lui...Sans-gêne, va!

DANVERS. Jack-Bob, va m'annoncer.

JACK-BOB. Vous annoncer...vous? Je n'irai pas.

DANVERS. Prends garde de me mettre en colère.

JACK-BOB. Ah! parbleu ! mettez-vous-y tant que vous voudrez... ça m'est bien égal... Tenez, suivez mon conseil... allez-vous en.

DANVERS, *le menaçant.* Quelle insolence !..

JACK-BOB. Hein !.. comme mon sang-froid lui en impose.

Jack-Bob se sauve à l'autre extrémité du théâtre.

SCENE VII.

LES MÊMES, LUCILE.

LUCILE. D'où vient ce bruit? Dieu! mon oncle !

JACK-BOB, *bas à Lucile.* Ne lui parlez pas, miss, je suis en train de le renvoyer.

LUCILE, *vivement.* Lui !... (*Jack-Bob fait signe à Danvers de sortir.*) Jack-Bob, laissez-nous.

JACK-BOB, *bas.* Mais, si je sors, il restera malgré vous... laissez-moi faire.

Mêmes signes à Danvers.

LUCILE, *l'arrêtant.* Encore une fois, laissez-nous.

JACK-BOB, *à part.* Voilà qui est humiliant.

DANVERS, *à part,*

AIR : *Walse de Robin des bois.*

Par elle enfin je vais apprendre
Quel accueil m'attend aujourd'hui ..
LUCILE, *à part.*
J'ai peur, et je ne puis comprendre
Quel charme m'attire vers lui.
DANVERS, *à part.*
Plus je la vois, plus je crois voir ma mère !..
JACK-BOB, *à part.*
Oser revenir en ces lieux !
LUCILE, *à Jack-Bob.*
Sortez, et songez à vous taire.
JACK-BOB, *à part.*
Je sors, mais je suis furieux !

ENSEMBLE.

DANVERS.

Par elle enfin je vais apprendre
De moi ce qu'on pense aujourd'hui...
Et si je puis encor m'attendre
A trouver près d'eux un appui.
LUCILE.
A le voir devais-je m'attendre ?...
Pourquoi revient-il aujourd'hui ?
J'ai peur, et je ne puis comprendre
Quel charme m'attire vers lui !
JACK-BOB, *en sortant.*
A le voir qui pouvait s'attendre ?...
Pourquoi revient-il aujourd'hui ?
Je sors ; mais je ne puis comprendre
Comment elle reste avec lui.
Jack-Bob sort.

SCENE VIII.

DANVERS, LUCILE.

DANVERS. Vous n'osez pas vous approcher ?

LUCILE, *s'approchant un peu.* Oh ! si.... mais c'est que....

DANVERS. Seriez-vous fâchée de me revoir ?

LUCILE. Fâchée !.. oh ! pourriez-vous le penser ?

DANVERS. Je ne le devrais pas sans doute ; mais que voulez-vous ? La fatalité et une malheureuse expérience me poussent malgré moi à croire toujours au mal plutôt qu'au bien. J'ai tort, n'est-ce pas, mademoiselle ?

LUCILE. Mademoiselle !.. De grâce, ne prononcez plus ce nom si froid !

AIR *de Mme Duchambge.*
J'attends de votre tendresse ,
Mon oncle, un titre plus doux !
DANVERS.
J'y consens... Allons , ma nièce,
Chère nièce, approchez-vous...
LUCILE, *allant vivement à lui.*
Ah ! que ce nom plein de charme
Long-temps s'est fait désirer ?..
DANVERS.
Dans vos yeux brille une larme ?...
LUCILE.
C'est que le bonheur fait pleurer !
Oui, le bonheur fait pleurer.

DANVERS, *attendri.* Aimable enfant... je t'ai peut-être fait souffrir un peu ?

LUCILE. Dites beaucoup.... mais si j'ai souffert, c'est de votre absence.

DANVERS, *ému, vivement.* Lucile !

LUCILE. Ah ! vous avez retenu mon nom ?

DANVERS. Oui... oui... je l'ai retenu.... tu vois que je ne t'appelle plus mademoiselle... mais il me semble qu'il manque encore quelque chose à notre intimité, eh ?

LUCILE. Ça me fait aussi cet effet-là.

DANVERS.
Même air que le précédent.
Il manque un baiser bien tendre...
LUCILE.
Juste !... j'allais deviner !...
DANVERS.
Eh bien, je n'osais le prendre !...
LUCILE.
Je brûlais de le donner !...
DANVERS, *l'embrassant.*
Sur mon cœur...
LUCILE.
Oui, c'est ma place !
DANVERS.
Qui pourrait nous séparer ?...
LUCILE.
Des pleurs ?... quand je vous embrasse ?
DANVERS.
C'est que le bonheur fait pleurer !
Oui, le bonheur fait pleurer.

Et voilà le premier bonheur que j'éprouve depuis long-temps.

LUCILE. En vérité !.. je vous croyais si heureux avec... avec elle.

DANVERS, *brusquement.* Tais-toi..... oh ! tais-toi.

LUCILE, *à part et tremblante.* Mon Dieu ! voilà que, sans le vouloir, je l'ai mis en colère.

DANVERS, *revenant.* Lucile, jusqu'à présent nous n'avons parlé que de nous.... parlons un peu des autres. Ta mère ?

LUCILE. Toujours aussi bonne, aussi aimante.

DANVERS. Et M. Preston ? J'ai été un peu brusque avec lui... j'espère qu'il suffira de lui demander sa main pour que tout soit oublié.

LUCILE. Je le crois aussi, mon oncle. (*A part.*) Mon Dieu! comment le désabuser?

DANVERS. Ah! à propos... et M. Édouard Rice? Il est toujours reçu dans la maison?

LUCILE. Oui, mon oncle; mais bientôt nous ne l'y verrons plus.

DANVERS. Comment?

LUCILE. Il s'embarque dans une heure.

DANVERS. Pour la France?

LUCILE. Pour les Grandes-Indes.

DANVERS. Ton mariage serait-il rompu?

LUCILE. Non, mon oncle. Mais Édouard a désiré tenter une entreprise commerciale, et ce n'est qu'à son retour...

DANVERS, *frappé d'une idée.* Ah! oui.... oui... je comprends. Et sur quel bâtiment s'embarque-t-il?

LUCILE. *Le Robinson.*

DANVERS. Capitaine Wil.

LUCILE. Vous le connaissez?

DANVERS. Parfaitement. C'est lui qui m'a ramené, et je veux lui recommander sir Édouard.

LUCILE. Il se pourrait!... Tenez, mon oncle, voici ce qu'il faut... des plumes, du papier, de l'encre. Oh! que vous êtes bon, et que je suis heureuse.

DANVERS, *allant s'asseoir à la table.* As-tu quelqu'un là qui puisse porter une lettre?

LUCILE. Jack-Bob.

DANVERS. Va vite le chercher.

LUCILE. Oui, mon oncle, oui, j'y cours. (*Fausse sortie.*) Dites bien au capitaine qu'Edouard est un brave et digne jeune homme.

DANVERS. Sois tranquille.... j'ajouterai que j'ai besoin qu'il revienne le plus tôt possible pour faire le bonheur d'une petite nièce.

LUCILE. Mettez : D'une petite nièce qui vous chérit, et que vous chérissez de même... ça fera bien... et puis, c'est vrai, n'est-ce pas?

DANVERS. Dam! crois-tu que je te chérisse?

LUCILE. Oui, j'en suis sûre.

DANVERS. Allons, puisque tu en es sûre, je le mettrai. Va vite.

LUCILE, *en sortant.* Je ne sais ce que j'éprouve, mais il me semble que cette lettre portera bonheur à Edouard.

SCENE IX.

DANVERS, *seul et écrivant.*

Pauvre enfant!.. elle oubliait son chagrin pour ne s'occuper que de moi... de moi, qui suis cause, sans doute, que son mariage... (*Il s'interrompt pour regarder à la pendule.*) Trois heures... ma lettre arrivera à temps. (*Il écrit.*) « Plus bas, ma si- » gnature en blanc. Vous remplirez la » somme. » Lucile est bien long-temps à revenir. Ah! la voici.

SCENE X.

DANVERS, LUCILE, JACK-BOB.

LUCILE. Vous parlerez au capitaine lui-même.

JACK-BOB. Et la lettre?

LUCILE. Mon oncle va vous la donner.

JACK-BOB. C'est de la part de votre oncle... oh! pardon, mademoiselle, je n'irai pas. Je suis criblé de défauts, j'en conviens; mais j'ai une qualité précieuse... c'est d'être horriblement entêté.

DANVERS, *lui présentant une lettre d'une main, et tenant encore sa plume de l'autre.* Tiens, mon ami, cours au port tant que tu auras de jambes, et reviens de même.

JACK-BOB. Comment?..cours et reviens de même...

DANVERS. Songe qu'il s'agit de l'intérêt de sir Edouard et de miss Lucile.

LUCILE. Refusez-vous encore?

JACK-BOB. Donnez. (*Il prend la lettre.*) C'est pour vous que je le fais. (*A Danvers.*) Ce n'est pas à vous que j'obéis.

LUCILE. Mais allez donc.

JACK-BOB. Je ne cours pas, je vole.

Il sort en courant.

SCENE XI.

LUCILE, DANVERS.

DANVERS, *à part.* Ah! maintenant, je suis plus tranquille.

ÉDOUARD, *dans la coulisse.* Partez devant, je vais vous suivre.

LUCILE. Mon Dieu! c'est la voix d'Édouard. (*A part.*) Et mon père que je n'ai pas prévenu.

DANVERS. Lucile... ce sont eux.

LUCILE, *très-embarrassée.* Oui... en effet.

DANVERS. Tu ne peux pas te figurer l'émotion que j'éprouve. J'aurai tant de plaisir à revoir ta mère et ce bon M. Preston.

LUCILE. Ils seront aussi bien heureux... sans doute..... mais, tenez, mon oncle, je crois qu'il vaudrait mieux... il serait peut-être plus sûr...

DANVERS. Eh bien! quoi donc? Mais je cours les embrasser, et tout sera fini, je l'espère...

LUCILE, *le retenant.* Si je les prévenais d'abord?

DANVERS. Les prévenir !.. Ah ! tu crois que cela est nécessaire ?

LUCILE. Mais... la surprise... vous concevez ?

DANVERS. Ah ! oui.. allons, je le veux bien. Préviens-les.

LUCILE, *lui indiquant la porte à gauche, au premier plan.* Par ici, mon oncle. Bientôt je vous rappellerai.

DANVERS. Bonne Lucile !.. (*A part.*) Les prévenir !

Il tire la porte du cabinet la sans fermer entièrement; aussitôt Preston entre avec Édouard et Fanny.

SCENE XII.

DANVERS , LUCILE , PRESTON , ÉDOUARD , FANNY.

PRESTON , *à Lucile.* Que fais-tu donc toute seule, quand Édouard se dispose à nous dire adieu ?

LUCILE, *à part.* Comme le cœur me bat ! tant d'émotions à la fois... (*Haut.*) Ne devons-nous pas accompagner sir Edouard jusqu'au port ?

PRESTON. Non, ma fille, non !.. j'ai redouté pour nous tous le moment de cette séparation.

ÉDOUARD. Et moi, Lucile, j'ai besoin de tout mon courage... restez, je vous en prie.

LUCILE. Encore un sacrifice.

FANNY. Crois-tu qu'il ne lui coûte pas autant qu'à toi ?

PRESTON. Allons, mon ami, l'heure s'avance.

LUCILE. Quelques minutes encore !.. (*A part.*) Si je profitais de cet instant?.. (*Haut.*) Édouard, avant de vous embarquer, je sais une personne qui désirerait beaucoup vous faire ses adieux.

ÉDOUARD. Qui donc ?

On voit la porte du cabinet qui s'entr'ouvre doucement, Danvers paraît, et semble prêt à se montrer.

LUCILE , *les yeux vers le cabinet.* Un parent !

PRESTON. Un parent?..

LUCILE. Notre parent le plus proche.

FANNY. M. Danvers !

PRESTON. Se pourrait-il ?

LUCILE.

AIR *de Julie.*

Pour lui ne soyez pas sévère,
Il eut des torts... peut-être... mais enfin
Sur tous ses traits, on voit, mon père,
La trace d'un profond chagrin.

PRESTON.

Lui !.., du chagrin !...

LUCILE.

Vous, si bon pour les autres,

A mes pleurs ne résistez pas...
Pardonnez !... il vous tend les bras...
Pouvez-vous lui fermer les vôtres !...

PRESTON. M. Danvers !.. je ne puis croire qu'il ait eu l'audace de revenir ici... oh ! non... il vous aura fait parler, sans doute... vous aura écrit... M. Danvers !.. mais je croyais avoir défendu qu'on prononçât son nom en ma présence.

La porte du cabinet se referme doucement.

LUCILE, *à part.* Mon pauvre oncle !..

ÉDOUARD, *bas à Lucile.* Lucile , s'il ne dépendait que de moi...

LUCILE. Merci, sir Edouard, merci.

L'orchestre accompagne en sourdine la fin de cette scène. Un moment de silence. Preston, qui avait remonté la scène, revient entre Lucile et Édouard.

PRESTON. Mes enfans... Allons, Édouard, embrassez votre mère et votre femme.

ÉDOUARD, *s'approchant de Fanny.* Madame...

Il saisit sa main, et la baise avec émotion; même jeu auprès de Lucile.

LUCILE, *à part.* O mon Dieu ! je ne croyais pas qu'on pût souffrir autant !

ÉDOUARD. Adieu, Lucile... adieu, mes amis... tout ce que j'aime au monde... Ah ! monsieur, de grâce, emmenez-moi, car je ne pourrais jamais m'arracher de ces lieux.

FANNY *et* LUCILE. Adieu ! adieu !

Preston entraîne Édouard jusqu'à la porte du fond, là, il le serre dans ses bras; puis Édouard s'éloigne. Lucile, sur l'avant-scène, tient sa tête appuyée sur l'épaule de sa mère.

SCENE XIII.

LUCILE, FANNY, PRESTON.

PRESTON, *se rapprochant.* Lucile, si je ne respectais votre douleur, j'aurais bien des reproches à vous adresser... M. Danvers vous a écrit, n'est-ce pas ?

LUCILE. Non, mon père.

PRESTON. Il est donc venu ici?.. et c'est vous qui l'avez reçu !.. sans me faire prévenir...

LUCILE. Je craignais de vous irriter.

PRESTON. Et cependant, Lucile, vous auriez mieux fait, je le jure... M. Danvers m'a insulté chez moi, en faisant peser sur nous un horrible soupçon, celui d'avoir convoité sa fortune pour rétablir la nôtre ; et pourtant, de qui aurais-je dû attendre appui et protection, si ce n'est de l'oncle de ma femme, de notre parent le plus proche?.. Eh bien ! il nous a quittés, emportant ses millions; et moi, j'ai manqué à mes engagemens, j'ai vu mon nom prêt à être confondu avec celui d'un fripon, et pour qu'il n'en fût pas ainsi, j'ai con-

senti à voir souffrir ma femme, ma fille...
à voir s'éloigner le gendre que j'avais
choisi... voilà ce que je dois à M. Danvers... aussi, je lui aurais dit de nous épargner ses visites, pour s'épargner, à lui, de
se voir chasser comme un homme sans
ame, comme un égoïste !

LUCILE, *vivement*. Oh ! plus bas, mon
père... plus bas, je vous en conjure.

PRESTON. Comment !.. que signifie?..

LUCILE. C'est qu'il est là, mon père, et
qu'il vous entend.

PRESTON. Là !... tant mieux.... et je
vais...

FANNY, *l'arrêtant*. Mon ami, je vous en
supplie... du calme... songez que notre oncle est un vieillard... Lucile a commis une
faute, c'est à elle de la réparer en lui faisant connaître vos intentions.... venez....
venez.

AIR de Mila.
LUCILE ET FANNY.

Cédez, de grâce, à ma prière,
Et de mon oncle, en ce moment,
N'allez pas, par votre colère,
Doubler encor le châtiment !

PRESTON.

Oui, je cède à votre prière,
Mais, grâce à vous, en ce moment
Si je modère ma colère,
De chez moi qu'il sorte à l'instant !

Fanny entraîne son mari ; Lucile, anéantie, se laisse
tomber sur un fauteuil ; Danvers sort du cabinet,
il est pâle, défait, à peine s'il se soutient en mar-
chant.

SCENE XIV.
LUCILE, DANVERS.

DANVERS. Chassé !.. chassé comme un
misérable et un égoïste!.. ô mon Dieu!..
Et moi qui croyais n'avoir qu'à me présenter... Mais je leur ai donc fait bien du
mal !

LUCILE, *allant à lui*. Mon oncle !

DANVERS. Pauvre enfant, va... je sais la
mission que tu as à remplir... je t'en évite-
rai la peine... je partirai... Oh ! chassé....
chassé!.. Mais que vais-je faire maintenant?.. que vais-je devenir?.. A mon âge...
seul...sans parens, sans amis... la vie doit
etre un supplice!

LUCILE. Ne parlez pas ainsi, mon oncle,
vous me déchirez l'ame.

DANVERS. Ah! ma Lucile!.. ton père est
déjà bien vengé... s'il savait tout ce que
j'ai souffert, et tout ce qui me reste à souffrir encore...

LUCILE. Se pourrait-il que votre fortune...

DANVERS. Ma fortune est ce qu'elle
était... et plût au ciel que ces richesses eussent été moins considérables... je n'aurais

pas été la dupe des adulations, des basses
flatteries d'une femme intéressée à m'isoler
de ma famille.

LUCILE. Sans doute cette femme vous
a consacré tous ses soins, toute sa tendresse ?

DANVERS. Des soins... de la tendresse...
de sa part... Il y a deux heures, le consta-
ble a prononcé notre séparation... oui, les
deux mois qui ont suivi notre mariage ont
été un enfer continuel ; cette femme en
apparence si douce, si prévenante, était
devenue hautaine, impérieuse.... Soumis
par elle à toutes sortes d'humiliations et de
tourmens, mon existence même était devenue un fardeau dont on ne prenait pas
la peine de dissimuler le poids.

LUCILE. Oh ! mon pauvre oncle !

DANVERS. Ma fortune !... voilà ce que
voulait s'approprier mistress Podgers... et
parce que j'avais refusé de la nommer ma
légataire universelle, les mauvais traite-
mens, le scandale devinrent ses armes contre moi... Enfin il m'a fallu recourir au
divorce... et je suis libre... libre et seul...
oui, oui... seul... car j'avais quelques vieux
serviteurs, ils m'ont abandonné... quelques amis, ils me méprisent... des parens,
ils me chassent !..

Il pleure, et Lucile paraît vivement émue.

SCENE XV.
LES MÊMES, JACK-BOB.

JACK-BOB, *tout essoufflé*. Ouf !.. peut-on
faire courir comme ça un honnête homme!
Comment, il est encor ici ?... ce vieux me
fera périr de chagrin.

LUCILE, *apercevant Jack-Bob*. Eh bien !
avez-vous remis la lettre au capitaine ?

JACK-BOB. Oui, miss, à lui-même ; et il
m'a chargé de dire qu'il n'avait rien à refuser à votre oncle.

DANVERS, *à Lucile*. Dieu soit loué !.. j'ai
réussi de ce côté.

JACK-BOB, *à part*. Ça a l'air de lui faire
plaisir ; si j'avais su...

DANVERS. Est-ce là tout ce qu'il t'a dit !

JACK-BOB. Oui, tout.... ah ! il a ajouté
que vous étiez bien heureux, vous, de rester dans votre famille.

DANVERS, *à part*. Ma famille !.. je n'en
ai plus.

JACK-BOB. Qu'on vous aimait... qu'on
vous chérissait... et moi, je lui ai dit tout le
contraire, je lui ai dit qu'on vous détest...

LUCILE. Jack-Bob !.

JACK-BOB. Je le crains bien, miss, du fond
du cœur.

DANVERS, *comme frappé d'une idée*. Jack-

Bob, mon garçon, retourne en toute hâte auprès du capitaine.

JACK-BOB. Encore courir !.. non... non... non.

DANVERS. Qu'il m'attende un moment, je te suis, entends-tu?.. et je m'embarque avec lui.

JACK-BOB. Vous vous embarquez?

LUCILE. Vous retournez dans ce pays qui est devenu mortel pour vous?

JACK-BOB. Ne le retenez donc pas.

LUCILE. Restez, mon oncle, je vous en supplie.

DANVERS. Non, Lucile, non, c'est impossible, vois-tu... je souffrirais trop ici... (*A Jack-Bob.*) Va vite... dix guinées, si tu arrives à temps.

JACK-BOB. Dix guinées!... et vous vous embarquez?.. oh! les jambes... les jambes... je vais courir que la voiture à vapeur en crèvera de honte.

Il sort en courant de toutes ses forces.

SCENE XVI.

LUCILE, DANVERS.

LUCILE. Partir !..

DANVERS. Lucile, ton père m'a chassé!

LUCILE. C'est ce mot cruel que je veux qu'il révoque... O mon oncle, laissez-moi plaider votre cause... je réussirai, j'en suis sûre.

DANVERS. Mais regarde.... quand quatre heures sonneront, il faudra que je parte... Si tu as échoué, ne reviens pas !.. il me serait trop pénible d'entendre mon arrêt sortir de ta bouche... ne reviens pas... et ce baiser sera le dernier que tu auras reçu de ton pauvre oncle.

Il l'embrasse.

LUCILE, *s'échappant.* Je reviendrai, mon oncle... je reviendrai!

Elle sort.

SCENE XVII.

DANVERS, *seul.*

Dix minutes!... je n'ai plus que dix minutes à rester dans cette maison!... Et puis je partirai... car je ne m'abuse pas... je ne verrai plus Lucile... elle n'obtiendra rien de son père... Il a raison... je lui devais mon appui, ma protection .. Et lui me cachait ses malheurs... ne demandait que mon amitié... Je l'ai méconnu, repoussé!... Et pour qui!... Où chercher maintenant ces affections dont le besoin se fait si vivement sentir à notre âge?....: qui me tiendra lieu de famille?.... qui remplacera près de moi cette enfant qui m'aimait, qui m'aurait fermé les yeux? Ah!

quelle leçon!... Leçon terrible pour ceux qui entassent de l'or dans leurs coffres afin de s'en faire honneur et gloire... Qu'ils y prennent garde! la vanité aura bien vite endurci leur cœur! au lieu de se faire aimer, ils se feront haïr! Il leur faudra tout acheter, parce qu'ils n'auront pas su donner!... (*Regardant la pendule.*) Voilà donc, ô mon Dieu! l'avenir que je me suis fait!

AIR : *Dans un castel dame de haut lignage.*
Pour être heureux à ton heure dernière,
Vous m'aviez dit : Riche, par tes bienfaits,
Tu marqueras ton séjour sur la terre :
Mon fol orgueil a bravé vos décrets!
Et maintenant, avec mon opulence,
Je reste seul abandonné de tous.
Ah! si déjà le châtiment commence,
Quel est celui qui m'attend devant vous?
Comment, mon Dieu, paraître devant vous?

(*La pendule sonne.*) Quatre heures! (*Il regarde de tous côtés.*) Et personne!... personne! (*Il reste un moment comme anéanti par la souffrance; enfin il fait un effort sur lui-même, et se dirige vers le fond.*) Allons! que mon sort s'accomplisse... du courage!.. Grand Dieu! j'entends parler... Je ne me trompe pas... c'est sa voix... la voix de Lucile!... la voilà.

Il s'appuie contre un fauteuil sur l'avant-scène. Preston entre avec Fanny et précédé de Lucile.

SCENE XVIII.

DANVERS, LUCILE, PRESTON, FANNY.

LUCILE. Venez, mon père, venez!

PRESTON. Je cède à vos instances; mais pourquoi cette dernière entrevue?... elle ne peut que renouveler nos chagrins.

DANVERS, *s'approchant.* Combien je vous sais gré, monsieur, de permettre que je vous voie encore avant de nous séparer pour toujours. Croyez bien que ma douleur, mon repentir...

PRESTON, *avec calme et dignité.* De grâce, monsieur, n'ajoutez pas un mot... je viens ici pour vous faire mes adieux, et non pour entendre des excuses.

DANVERS. Votre main, monsieur?

PRESTON. Ma main!...

Il se détourne pour lui cacher son émotion.

DANVERS. J'aurais voulu partir avec la pensée consolante que j'emporte quelques regrets... car je n'ose dire votre amitié!

On entend un coup de canon éloigné; Danvers fait un mouvement, porte la main sur ses yeux, et se dispose à partir, lorsque la voix de sir Édouard se fait entendre au dehors.

ÉDOUARD, *dans la coulisse.* Lucile!... monsieur Preston!

LUCILE. C'est Édouard!

SCENE XIX.

Les Mêmes, ÉDOUARD.

Fanny, Lucile et Preston se sont précipités à la rencontre d'Édouard; Danvers occupe l'avant-scène de droite, et écoute avec anxiété.

ÉDOUARD, *accourant.* Lucile! madame!... ah!... le plaisir, l'émotion!... Est-ce bien vous... vous que je revois?

TOUS. Parlez, parlez, vite!

ÉDOUARD. J'arrive à bord, tout se préparait pour le départ. Le capitaine m'aperçoit et me fait signe de le suivre dans sa chambre. « A combien estimez-vous votre pacotille? — Mais... à deux mille guinées, à peu près. — Je vous en offre huit mille comptant! »

PRESTON. Huit mille guinées!

ÉDOUARD Ma surprise était si grande que je ne savais que répondre. Mais le capitaine me présente une facture de vente, je signe, il me remet un bon sur le trésor, et s'élance sur le pont pour commander la manœuvre!... Et moi, j'accours, ivre de joie et de bonheur! car je ne pars plus... car je suis riche maintenant... riche!... Lucile!... et je puis offrir à votre famille l'aisance qu'elle avait perdue.

PRESTON. J'accepte, Edouard, j'accepte.

DANVERS, *à part, et les yeux pleins de larmes.* Ce moment me paie de toutes mes souffrances!...

PRESTON, *à Danvers.* Monsieur, vous le voyez, le bonheur vient de rentrer dans notre famille... voulez-vous le partager?...

DANVERS. Que je reste?... quoi! vous pourriez oublier...

PRESTON. Tout, monsieur.

Air de Partie carrée.

Voici ma main. Quand le ciel nous envoie
A tous le bonheur et la paix,
Vous voir souffrir troublerait notre joie.
    DANVERS.
Mais vos chagrins, moi seul je les causais!
    PRESTON.
Tout est fini... point d'excuse inutile...
Restez, restez, voilà ce que je veux!
De pardonner, ah! comme il est facile,
    Lorsque l'on est heureux!

DANVERS, *transporté.* Ah! monsieur!... mes amis!...

SCENE XX.

Les Mêmes, JACK-BOB.

JACK-BOB, *accourant.* Comment!... ils s'embrassent!... Ah! bon! il fait ses adieux!... Mais venez donc, monsieur, venez donc! on vous attend, on va lever 'ancre.

LUCILE. Mon oncle reste, Jack-Bob, il ne part pas.

JACK-BOB. Il ne part pas!... (*A part.*) Décidément je succomberai avant l'âge!... (*Haut.*) S'il reste, ce n'est pas la peine que je vous remette ce billet que le capitaine m'a donné pour vous.

TOUS. Un billet!

PRESTON. Que signifie...

LUCILE. Donnez. (*Elle prend le billet.*) Je ne sais si je dois...

PRESTON. Lisez, ma fille, lisez!

Musique à l'orchestre jusqu'à la fin.

LUCILE, *lisant.* « Mademoiselle, retenez » auprès de vous M. Danvers... Il veut » partir, et moi, son ami, je dois l'en » empêcher en trahissant son secret. »

DANVERS. Lucile, je t'en supplie, n'achève pas... Oh! donne-moi, donne-moi cette lettre.

Preston retient Danvers.

LUCILE, *continuant plus vite.* « Apprenez » qu'il vient de se rendre acquéreur de la » pacotille de sir Edouard, et, j'en suis » sûr, le chagrin d'être brouillé avec votre » famille est la cause de son départ! » Ah!... mon oncle!

Elle se jette dans les bras de Danvers.

JACK-BOB, *à part.* Il a fait une action comme celle-là!... (*Il court ouvrir l'armoire et en tire le portrait de Danvers.*) Je lui rends mon estime et sa place au grand jour.

ÉDOUARD. Ah! monsieur! comment vous témoigner toute ma reconnaissance?..

FANNY. Et la nôtre, mon oncle!

DANVERS. En ne me quittant jamais! (*Il aperçoit son portrait.*) Ah! mes arrêts sont levés!

Il rencontre le regard de Jack-Bob, et s'approche de lui.

JACK-BOB, *montrant le portrait avec satisfaction.* Voilà!... voilà!...

DANVERS, *lui tendant la main.* Mon brave garçon!

JACK-BOB, *à part, et très-ému.* Ne lui disons pas que Williams... ça pourrait l'affliger, et puis ce n'est pas sa faute si le cakatoës...

DANVERS, *se retournant vers ses neveux.* Ah! je le vois... le seul moyen d'être heureux quand on est riche, c'est d'être riche pour les autres avant de l'être pour soi!

    CHOEUR. (*des Deux Mères.*)
Vous restez en ces lieux,
  Non, plus de larmes,
  Plus d'alarmes,
Vous restez en ces lieux,
Le ciel comble nos vœux.

Imp. de v⁹ Dondey-Dupré, rue St-Louis, n° 46.